ALBERT PINARD

LES ÉLUS DE LA SEINE

PRÉFACE

PAR

HENRY MARET

PARIS
JULES LÉVY, LIBRAIRE-ÉDITEUR
2, RUE ANTOINE-DUBOIS, 2

BIBLIOTHÈQUE MODERNE

Volumes in-16

EN VENTE

L'Assassin de M. Le Doussat, par Antoine MATHIVET.
L'Attentat Sloughine (Mœurs terroristes), par Hugues LE ROUX.
Casse-Noisette, par Jules DE MARTHOLD.
La Chemise, par Amélie VILLETARD.
Contes panachés, par Auguste ERHARD.
Cora Jackson, par Léo MONTANCEY et Paul MARROT.
La Dame au peignoir bleu, par Paul BONHOMME.
Entre garçons, par Georges MOYNET.
Les Fantômes, étude cruelle, par Ch.-M. FLOR O'SQUARR.
Miettes, par HARRY ALIS.
La Noce à Génie, par Eugène HÉROS.
Petits mémoires d'une stalle d'orchestre, par Philibert AUDEBRAND.
Les Ruffians de Paris. — La Dent du Rat, par Maurice DRACK.
Les Ruffians de Paris. — La Revanche de Caillebotte, par Maurice DRACK.
Sacrifiée ! par Marc SONAL.
Souvenirs d'un Hugolâtre (La Génération de 1830), par Augustin CHALLAMEL.
Le Vétéran, par Alfred BONSERGENT.

13196 — Paris, imprimerie A. Lahure, rue de Fleurus, 9.

LES

ÉLUS DE LA SEINE

DU MÊME AUTEUR :

La Sève, poésies (1873), épuisé.

M. Ferdinand de Lesseps, biographie. Collection Quantin.

Madame X. Un vol. in-18.

Le cocher Étienne.

PROCHAINEMENT :

Neuf ans de Chambre (1876-85).

13196. — Imprimerie A. Lahure, rue de Fleurus, 9, à Paris.

ALBERT PINARD

LES

ÉLUS DE LA SEINE

PRÉFACE

PAR

HENRY MARET

PARIS

JULES LÉVY, LIBRAIRE-ÉDITEUR

2, RUE ANTOINE-DUBOIS, 2

1885

LES ÉLECTIONS DE 1885

Les élections de 1885 resteront une date dans l'histoire de la République.

Elles auront été la première épreuve du scrutin de liste, et, en cette qualité, pleines de malentendus et de confusion.

Les partis monarchiques ont relevé la tête. Profitant de la politique pitoyable poursuivie par M. Ferry et ses amis contre les conseils des vrais républicains et contre l'intérêt de la République, ils ont étalé bruyamment les fautes commises, et ont réussi, dans beaucoup de départements, à illusionner les meilleurs citoyens. Pour réussir, ils n'ont eu garde de déployer leur drapeau; et, comme en 1871 ils n'avaient parlé que de la paix, en 1885 ils n'ont parlé que de la situation financière et des aventures coloniales. Ils se proclamaient partout candidats indépendants, et c'est grâce à ce masque aussi bien qu'à des critiques fondées, qu'ils ont pu abuser certaines populations.

La République n'en est pas affaiblie. Bien au contraire. Devant cette prise d'armes du passé, toute l'armée de l'avenir s'est groupée. Oubliant leurs dissensions, leurs luttes, leurs combats, tous les républicains, d'un bout à l'autre de la France, ont formé une admirable entente; et les monarchistes ont pu comprendre combien grande avait été leur erreur s'ils avaient escompté nos divisions pour assurer leurs espérances.

Nous n'avons pas combattu le Tonkin au profit des hommes du Mexique; nous ne nous sommes pas élevés contre les gaspillages ferrystes pour approuver ceux de l'Empire et de la Restauration.

La majorité républicaine aura devant elle, au nouveau parlement, une minorité réactionnaire imposante. Elle n'en sera que plus forte étant plus serrée autour d'un programme commun. Elle saura déjouer toutes les conspirations, arrêter toutes les imprudences, fixer les réformes urgentes. La leçon donnée lui profitera. Elle n'hésitera pas à satisfaire le pays, à renoncer à une politique personnelle qui a failli compromettre la République et à mettre les intérêts de la nation au-dessus de la stabilité d'un cabinet impopulaire. Un sage ennemi vaut mieux qu'un maladroit ami; et les monarchistes auront rendu aux Républicains le seul service qu'ils pouvaient leur rendre, celui de les faire réfléchir, et de les forcer à organiser la République.

Dans ce combat, Paris a, comme toujours, donné l'exemple. La grande ville des révolutions nécessaires est aussi, quand il le faut, la cité de la paix et de la concorde. Par une majorité formidable, la voix puissante de Paris a dit à tous les républicains : « Unissez-vous, faites rentrer dans le néant ce spectre de la monarchie qui croit l'heure bonne pour reparaître; pour cela, point de persécutions, point de colère, point de désordre; la lumière suffit. Faites de la lumière, et les fantômes disparaîtront. Tout un peuple est derrière vous qui veille et qui ne souffrira jamais qu'on touche aux libertés conquises par tant de batailles, au milieu de tant de fleuves de sang. »

Ce mandat, Paris l'a confié à ses représentants, à tous ceux dont mon spirituel ami Albert Pinard vous trace ici les portraits. Les élus de la Seine sont au nombre de ces républicains, qui ont vu juste, qui n'ont pas attendu l'événement pour reprocher aux Ferrystes leurs fautes successives, et à qui l'événement a donné raison plus qu'ils n'auraient voulu. Ils seront demain ce qu'ils étaient hier, fidèles aux principes démocratiques, convaincus que la seule façon d'en finir avec les complots royalistes est de donner au pays des institutions républicaines; résolus à marcher en avant, parce qu'en polititique, qui ne marche pas recule, et que le recul c'est la monarchie. Connaissant toute l'étendue du devoir qui leur est imposé, ils n'y failliront pas; et, s'ils savent s'incliner devant la volonté nationale, ils ne feront jamais aucune concession aux intrigailleries de coulisses, et aux intérêts personnels.

Ils auront une lourde tâche à accomplir, bien des obstacles à supprimer, bien des résistances à vaincre. S'ils étaient seuls, livrés à eux-mêmes, ils n'entreraient pas sans crainte dans cette ère des difficultés, mais tout un peuple est là pour les soutenir, et, comme Antée reprenait de nouvelles forces en touchant la terre qui l'avait enfanté, ils sauront au besoin accroître leurs efforts en s'appuyant sur la cité qui est l'âme de la France.

HENRY MARET.

SCRUTIN DU 4 OCTOBRE

Nombre d'électeurs inscrits.	564 338
dont le quart est de.	141 085
Nombre de votants.	433 990
A déduire : Bulletins blancs ou ne contenant pas une désignation suffisante ou dans lesquels les votants se sont fait connaître.	3 225
Reste pour le chiffre des suffrages exprimés.	430 765
Majorité absolue.	430 765

SCRUTIN DU 18 OCTOBRE

Nombre d'électeurs inscrits.	564 338
Votants d'après la feuille d'émargement. .	416 886
Nombre de bulletins trouvés dans l'urne. .	416 951
Nombre de bulletins en sus de l'émargement.	153
Nombre de bulletins en moins.	88
Bulletins n'entrant pas en compte de la majorité.	2 438
Bulletins nuls.	1 171
Suffrages exprimés.	414 360

ALLAIN-TARGÉ

1er Tour : 201 632 voix.
Ballottage : 289 866 voix.

De taille moyenne, une figure souriante, colorée, un brin rabelaisienne. La barbe poivre et sel, le cheveu rare, quelques mèches soigneusement alignées en portée de musique, tâchant de dissimuler le genou, l'air jovial.

Deux fois ministre, et ministre titulaire de départements importants, M. Allain-Targé fait la figure d'un homme qui n'aurait jamais dû quitter son banc d'opposant ministériel. Son rôle, sous la présidence de Gambetta, Grand-Ministre, fut aussi peu glorieux que possible; ministre de l'intérieur du cabinet Brisson, il parle trois fois : il fait trois fours. Aucune de ses qualités de discuteur d'opposition ne se retrouve chez le ministre. Il bredouille, il barbote, il stupéfie adversaires et amis. Une fois revenu à son banc, il reprend de l'assiette au contact de son ami Campenon. On ne devrait jamais voir M. Allain-Targé que le ventre à table entre trois ou quatre bons drilles.

Sa carrière se présente pleine de soubresauts et de heurts. On dirait que de temps en temps il se cogne dans les faits comme un toton affolé bat les murs qui le renvoient au loin.

Né le 7 mai 1832 dans une famille de robe, Allain-Targé fit ses études classiques à Poitiers, dans une institution ecclésiastique : il fit également son droit à Poitiers et s'inscrivit en 1853 au barreau d'Angers. En 1857, il épousait la fille de l'universitaire Villemain.

Le 23 juillet 1861, Allain-Targé fut nommé substitut du procureur impérial dans sa ville natale.

Il n'avance pas assez vite à son gré.

Il intercède, ne réussit pas, alors démissionne en 1864, et se lie avec les opposants d'alors, Brisson, Challemel-Lacour, Gambetta, écrit au *Courrier du dimanche*, à l'*Avenir national*, est un des fondateurs de la *Revue politique*, publie des brochures financières sur les *Déficits*.

A partir du 4 septembre Gambetta fit d'Allain-Targé successivement un préfet de Maine-et-Loire, un commissaire (genre conventionnel) au corps de Jaurès (armées de Maine-et-Loire, de la Sarthe et de la Mayenne), enfin un préfet de Bordeaux.

Démissionnaire après la paix, Allain-Targé devenait, pendant la Commune, membre de la Ligue des droits de Paris.

Il échouait aux élections de février et de juillet 1871, entrait au Conseil municipal en 1871 comme représentant du XIXe. Le même XIXe l'envoie enfin à la Chambre en 1876-77 et 81. Il est encore alors de l'intimité de Gambetta.

Il révèle à la Chambre un orateur bien curieux. Il suit les affaires, montre de la compétence dans la discussion des budgets. Puis il essaye les grands discours ministres.

Il faut des moyens physiques tout particuliers pour parler pendant quatre heures. M. Allain-Targé a plusieurs voix de rechange ; son estomac contient toute la troupe des marionnettes de Thomas Holden.

Il passe de la voix de rogomme à celle de la fillette, du sifflement de la seringue aux trémolos de la basse, il émet des éclats de trompette marine comme M. Cochery et des gloussements comme M. des Rotours ; quelquefois, dans la même période, tous les instruments donnent leur note et reprennent ensemble, et cela soutient l'attention, car on ne sait jamais ce qui va sortir de ce gosier étonnant : un couac ou un ut de poitrine !

Et, tout cela, en se promenant à la tribune. Il s'adresse à l'un et à l'autre, au ministre, au rapporteur, à M. Haentjens, son compère ; il joue avec son binocle, il compose des joujoux en papier, il flatte et il éreinte la tribune, il tient son verre en main comme s'il allait porter un toast et trinquer avec les ministres assis au premier banc: il remet sa bretelle, il rajuste le nœud de sa cravate, s'appuie au fond de la tribune, se couche sur la rampe; on croit qu'il va descendre sans le faire exprès.... Il prépare une malice, rit par avance et fait rire son auditoire, reprend, redit, repasse, rapetasse, ressemelle et reficelle les mêmes phrases, se gargarise et se mouche; avec ses périodes commencées en menace, continuées en baragouin et terminées en plaisanterie, accommode un rata qu'il arrose de verres de vin dont il semble offrir à la Chambre le haut fumet, et voilà comment ce bizarre orateur, intéressant quand il est d'opposition, absolument déliquescent quand il est ministre, arrive à employer quatre heures pour un discours qui tiendrait bien en quarante-cinq minutes.

Après la chute du grand ministère dont la durée fut si petite, M. Allain-Targé se détacha peu à peu du grand U pour incliner vers la gauche radicale. Après la mort de Gambetta, la rupture avec la coterie opportuniste parut définitive.

L'*Alliance républicaine* et le ballottage de 1885 ont rabiboché tout de ce côté-là, mais pas du côté radical.

Ah! si le ministre de l'intérieur n'avait pas oublié les promesses du candidat de 76 à 81!

BARODET

1ᵉʳ Tour : 202 931 voix.
Ballottage : 289 336 voix.

« En vous adressant à un serviteur modeste mais déjà ancien de la République... » ; ces mots contenus dans la profession de foi que M. D. Barodet adressait aux électeurs parisiens en avril 1873 sont restés, et resteront toujours justes pour caractériser ce bon républicain dont la carrière a été toute d'austère fidélité et de modestie.

En 1872, le nom de Barodet était encore peu connu des Parisiens. On savait cependant qu'à Lyon, un citoyen de ce nom avait été un des premiers à proclamer la République, qu'il était devenu conseiller municipal de cette ville et adjoint au maire, M. Hénon; qu'il avait fait partie de la députation du Conseil envoyée à Versailles vers Thiers, et que, peu après, cédant au vœu de la population lyonnaise, le chef du pouvoir exécutif s'était résigné à nommer le citoyen Barodet maire de Lyon.

On pouvait ignorer ses antécédents. Cependant, les journaux locaux publiaient des biographies du maire. Né en 1823, fils d'un instituteur communal, placé d'abord au petit séminaire d'Autun, puis à l'école normale de Mâcon, il était nommé, à la sortie de cette école, instituteur communal en 1847. Déjà républicain de conviction et de propagande, il fait son devoir d'instituteur et se voit bientôt révoqué par le réacteur de Falloux (1849). Il fonde alors une école libre à Cuisery, mais le coup d'État ferme l'école, chasse l'instituteur, ensuite le poursuit et le surveille. A Lyon, M. Barodet est signalé parmi les suspects; nombre de fois la police opère chez lui de brusques perquisitions et des saisies de papiers. Cependant l'ancien instituteur vivait obscurément de tenues de livres, puis d'une fonction industrielle, sans conspirer, mais en secondant de tous les moyens légaux l'agitation contre l'Empire.

Le voici donc, après la Guerre, porté à la mairie de Lyon où la situation présente d'incessants périls.

La loi réactionnaire du 4 avril 1873 supprime la mairie centrale de Lyon. Le 6 avril, Barodet résigne ses pouvoirs, et adresse à la population lyonnaise une proclamation dont l'affichage est interdit par le préfet.

Or, Paris avait à remplacer à l'Assemblée nationale M. Sauvage. On comprit que le résultat du scrutin de liste encore en vigueur devait être une manifestation de solidarité entre la capitale et la grande ville, à moitié privées toutes les deux de leurs franchises municipales. Paris adopta la candidature du maire déchu de Lyon et, le lendemain, le nom de Barodet fut célèbre. Il marque une date.

Élu le 27 avril, par 180 645 voix, contre M. de Rémusat, aimable candidat officiel de Thiers et de la réaction, Barodet ne mit pas du tout le feu aux quatre coins de l'Assemblée de Versailles. Non, cet épouvantail s'assit comme ses collègues et ne souhaita que d'apaiser le tumulte suscité autour de son nom.

Aux élections de 1876 il pouvait écrire avec confiance à ses électeurs : « Je n'ai pas émis un seul vote en opposition avec le mandat que j'avais accepté de vous. Réélu avec 8925 voix en 1876 contre le gigantesque M. Vautrain; avec 12 570 au 14 octobre, sans concurrent, avec 11 851 voix au 21 août 1881, M. Barodet a été adopté par le quatrième arrondissement de Paris et l'a toujours dignement représenté.

Depuis de longues années nous voyons M. Barodet toujours semblable à lui-même. Il a gardé son air d'instituteur un peu morose, mais son binocle, sa barbe et ses cheveux blancs, sa voix mince sont tout ce qu'il y a de moins effrayant.

Il a porté à la tribune des propositions d'amnistie et la proposition de revision de la Constitution. Il n'avait pas voté les lois constitutionnelles de 1875, et c'est lui qui, au Congrès, en 1884, a déposé en séance la proposition de nommer une commission chargée d'élaborer un projet de convocation de Constituante. C'est lui qui lut ensuite, à la cinquième séance la déclaration suivante :

« L'Assemblée nationale repoussant par la question préalable la nomination d'une Constituante a méconnu les droits du peuple ; nous nous retirons en protestant contre la décision du nombre qui s'arroge un pouvoir qu'il n'a pas. »

Et M. Barodet se retira avec sept de ses collègues. Rien ne ferait transiger cet homme de principes et de vraie vertu politique. L'Extrême-Gauche a raison de le maintenir à la présidence du groupe.

BASLY

1er Tour : 131 640 voix.

Ballottage : 367 376 voix.

Mon confrère Laurent, de la *Nation*, a esquissé ainsi la silhouette de M. Basly :

« Je me rendis à Denain, au café du XIXe siècle, dont Basly est le propriétaire.

« Actuellement conseiller municipal de Denain, et jouissant, dans toute la région du Nord, d'une très grande et très légitime influence personnelle, le citoyen Basly est un beau garçon d'environ trente-cinq ans, au regard franc et clair, à la barbe d'un blond doré. Les cheveux sont très blonds et rasés court, les yeux bleus, la bouche grande, le front large, les tempes un peu dégarnies, la taille droite et bien musclée. Basly a, comme les camarades, manié la rivelaine. Chassé par la Compagnie, en raison de ses opinions républicaines socialistes, il a fondé un café qui est devenu le centre de la démocratie denaisienne, et il rédige un petit journal, le *Progrès de Denain*, qui tire déjà à plus de 2000 exemplaires.

« La présentation fut bientôt faite : on se serra

la main, on fit venir de la bière et on se mit à causer autour d'une des tables de ce petit estaminet qui fut, il y a deux ans, le quartier général des grévistes contre la puissante compagnie des mines.

« Et Basly parlait, d'une voix chaude, avec un léger accent du Nord, donnant des explications très limpides sur les misères de ses camarades de travail et de souffrance. »

D'autre part, M. Henri Rochefort lui a consacré ces lignes éloquentes :

« Le secrétaire de la chambre syndicale des mineurs d'Anzin a aujourd'hui trente-deux ans et, depuis l'âge de huit ans, n'a jamais eu d'autre état que celui de mineur. Pendant vingt-deux ans de sa vie il a extrait du charbon au profit de M. d'Audiffret-Pasquier et de ses associés, qui ne lui rendaient même pas en centimes les millions qu'il leur faisait encaisser. C'est en assistant comme opprimé et comme victime aux horreurs de cette traite des blancs, que Basly conçut l'idée, entre ses camarades et lui, d'une association qui leur permît de lutter contre la tyrannie et l'arbitraire de la grande Compagnie minière.

« Il n'en fallait naturellement pas tant pour exaspérer contre l'audacieux esclave les hauts et puissants seigneurs de l'orléanisme. Basly fut cueilli au fond de son puits pour être jeté, sans ressources d'aucune sorte, sur le pavé, avec sa femme mourante — et qui est morte depuis — ses enfants et tous les siens, qu'il nourrissait de son dur travail.

« Quand se produisit l'abominable exécution des vieux mineurs estropiés, que la Compagnie d'Anzin renvoya sans pension ni secours, une grève éclata parmi les forçats de la mine, et tous choisirent Basly, leur ancien camarade, pour développer et appuyer leurs revendications. C'est alors que l'ex-ouvrier ouvrit un café, où il recevait ses amis, et avec lesquels il se concertait. Sa persévérance, son énergie finirent par triompher de l'indifférence du public, qui vint en masse au secours des grévistes. »

En suivant jour par jour l'histoire de cette grève mémorable, on se fait une idée nette du caractère et, je puis dire, du talent de M. Basly. On reconnaît dans ses communications, véritables ordres du jour d'un commandant de corps d'armée, une décision, une fermeté, une suite dans les idées qui prouvent en ce mineur une organisation d'élite.

12 mars 1884. « Citoyens, l'heure de l'épreuve va sonner. Depuis dix-sept jours que vous ne travaillez pas, vous avez pu vivre cependant, grâce au produit de vos derniers salaires, mais aujourd'hui tout est épuisé, et la faim va se faire sentir. On compte sur elle pour nous

dompter, mais ceux qui fondent un tel espoir nous connaissent bien mal. Nous avons formulé des réclamations légitimes, nous nous sommes opposés à un travail inexécutable, eh bien, nous mourrons de faim mais nous ne céderons pas. »

13 mars. « Il invite les mineurs à la résistance et les engage à acheter des besaces pour aller mendier de commune en commune. Il a p otesté de l'attachement des mineurs à la République, répudié les moyens violents, fait appel au calme, et déclaré que les mineurs n'auront pas recours à la dynamite, qu'ils n'avaient rien de commun avec les collectivistes et les anarchistes. »

28 mars. « Nous recevons de toutes parts des secours qui nous permettront de donner du pain tous les deux jours, et peut-être de la viande pour le dimanche. »

20 avril. « Et maintenant, à tous les travailleurs de France, qui nous ont envoyé leurs gros sous pendant que le gouvernement se préparait à nous envoyer du plomb, à vous tous, enfin, qui vous êtes émus de nos souffrances, qui nous avez aidés et secourus de votre bourse, de votre plume et de vos paroles, merci au nom de tout le prolétariat minier d'Anzin. »

PAUL BERT

1er Tour : 148 175 voix.
Ballottage : 288 146 voix.

Voilà que M. Paul Bert remonte. Certes, il a paru, un moment, bien bas.

A la Chambre, on imagine avec quel dédain accompagné d'une grossièreté naturelle ce docteur ès sciences, professeur de physiologie à la Faculté des sciences de Paris, lauréat de l'Académie, membre de l'Institut, traitait cette majorité de « sous-vétérinaires », selon l'expression de Gambetta. Quand M. Bert parlait, c'était avec le ton et l'attitude d'un homme qui fait un cours à des cancres et qui leur dispense les notions élémentaires des connaissances les plus simples. Savant de sciences, M. Paul Bert prétendait aussi se poser en savant de lettres; mais plus d'une fois il se faisait relever du péché d'erreur. Peu importe, il soutenait un mensonge avec une ténacité, une subtilité qu'il semblait avoir acquises au contact de ses cléricaux adversaires. On saisissait en lui comme caractéristique une audace d'affirmation surprenante.

Il assenait sur la tête de ses auditeurs des déclarations et des arrêts auxquels il fallait se soumettre sous peine d'excommunication d'un genre nouveau. Et cela toujours d'un ton rogue, avec un accent sourdement rageur, servi par une voix pleine, d'une sécheresse vibrante et dont l'écorchante sonorité dure longtemps encore après l'émission du son. Parfois M. Paul Bert avait recours au badinage. Il descendait à la portée des intelligences médiocres qu'il voulait convaincre, et comme un peu de trivialité ne messied pas en pareille affaire, il assaisonnait son discours d'un certain genre d'esprit à la Gaudissart.

On se demandait pour quel produit le député d'Auxerre faisait la place : Pour ses inventions pharmaceutiques, pour ses entreprises financières, ou pour son stock de projets de loi, rossignols du grand ministère. L'ensemble du lot ne séduisait plus guère le chaland et la fortune de M. Paul Bert semblait subir une mauvaise période.

Ajoutez que l'ancien ministre, que le président de la gauche républicaine devait soutenir efficacement M. Ferry qu'il détestait.

C'est lui qui, plusieurs fois, au cours de la législature, osa proposer des ordres du jour contenant la formule de la plus inouïe confiance (31 octobre 83) sur la question du Tonkin.

Eh bien, Paris qui est généreux, a voulu oublier

tous ces griefs. Paris n'a retenu du docteur ès sciences, du professeur de physiologie, du vivisecteur haï des propriétaires d'animaux, de l'éditeur de brochures et d'entreprises mercantiles, de l'ancien préfet du Nord pendant la guerre, et de l'ancien ministre du cabinet Gambetta. Paris, dis-je, n'a retenu de lui que ses efforts incessants, parfois efficaces, en faveur des instituteurs, et ses efforts non moins persévérants contre le cléricalisme. Gambetta sans doute a dit : « Le cléricalisme, voilà l'ennemi » ; mais c'est M. Paul Bert qui doit le lui avoir inspiré.

Paris n'a pas chicané. Il s'est contenté des déclarations et des affirmations dont M. Paul Bert n'est point chiche. Les électeurs qui ont trié dans la tourbe opportuniste le nom de M. Paul Bert et qui l'ont poussé jusqu'au rang qui lui a permis de figurer, seul de son camp, sur la liste de l'Union, devaient encore entendre résonner dans leur oreille les déclamatoires promesses de M. Paul Bert :

« Vous devinez, citoyens, à quelles questions je consacrerai particulièrement mes efforts : c'est à l'instruction tout d'abord, car *depuis que mon cœur bat dans ma poitrine* (il y bat depuis 1833) j'ai ressenti une immense pitié pour ces déshérités que l'ignorance aveugle et isole, etc. » Écoutez encore : « Citoyens, je n'hésite pas à me séparer de ceux qui croient qu'aujourd'hui tout peut être résolu par la suppression du budget des cultes et la dénonciation du concordat, en s'en fiant pour conjurer les conséquences au bon sens public, à la concurrence de la liberté. »

« Il faut lui enlever (à l'Église catholique) toute influence sur l'éducation publique, il faut supprimer l'exemption du service militaire pour les prêtres, rendre à l'État et aux communes les édifices qu'occupent indûment ses évêques et ses séminaires... »

Tout l'opportunisme et toute la grandeur de M. Paul Bert sont là. Se proclamer anticlérical ardent, mais scrupuleux concordataire, avoir recours à des demi-mesures taquines et reculer devant les solutions franches !

M. Paul Bert a eu la chance, au cours de la période de ballottage, d'adopter une attitude et un langage qui lui ont rallié des partisans.

DR BOURNEVILLE

1er Tour : 135 308 voix.

Ballottage : 285 175 voix.

Quoique âgé de quarante-cinq ans seulement, le docteur Bourneville est encore arrivé trop tôt dans une Chambre trop vieille. En effet, à une des dernières séances de la législature, il demandait à la Chambre de voter l'urgence et la mise à l'ordre du jour de son rapport sur l'assainissement de la Seine et l'utilisation agricole des eaux d'égouts. On a tourné le dos à la proposition de M. Bourneville, plutôt que de lever la main pour ou contre, et l'honorable député du Ve a paru s'étonner que la majorité tonkinoise montrât si peu de souci des intérêts parisiens. Ah! c'est qu'il ne la connait pas depuis longtemps. Il n'a encore, heureusement pour lui, que deux ans de Parlement. Nommé le 21 janvier 1883, en remplacement de Louis Blanc, dans la première circonscription du Ve arrondissement, il nous procurait le plaisir de voir battu et mécontent l'incomparable Engelhardt, son principal concurrent. Il obtenait 3422 voix contre 2673.

Maintenant il doit se convaincre que deux raisons nuisaient à la mise à l'ordre du jour de son rapport.

Ce rapport conclut à un projet qui servirait particulièrement l'amélioration de la voirie parisienne; puis le même rapport a le malheur d'être remarquablement bien fait.

Or, à cette majorité, il faut des rapports comme celui de M. Lecherbonnier qui, au sujet de la loi municipale, discute avec une ardeur inattendue la question de la vaine pâture dans les rues de Paris.

Il se trouve précisément que le docteur Bourneville a toujours montré une aptitude hors ligne pour rédiger des rapports complets, concluants, d'une précieuse netteté, sur les questions ressortissant sa compétence spéciale.

Ainsi, quand il siégeait au Conseil municipal et que ses collègues avaient besoin d'être édifiés sur un cas difficile, vite on demandait un rapport au laborieux conseiller.

Ces rapports, d'après le *Parlement illustré*, atteignent le nombre formidable de trente-quatre, comprenant : treize rapports relatifs à des améliorations à réaliser dans les hôpitaux existants ou à de nouveaux centres hospitaliers à créer.

Les questions relatives aux asiles d'aliénés y ont traitées à fond.

Sur les onze rapports restants, sept se rapportent encore presque directement aux questions médicales, car ils traitent des services généraux de l'Assistance publique, services parmi lesquels l'administration des hôpitaux et les questions hygiéniques occupent une si large place.

Les autres sont relatifs à des questions de legs et donations et de pensions et secours.

C'est à M. Bourneville qu'on doit la création d'écoles municipales d'infirmières laïques de Bicêtre, de la Salpêtrière et de la Pitié, pour lesquelles il a publié une série de manuels.

Son but était de relever les fonctions des infirmières laïques et de fournir à l'administration les moyens de remplacer les religieuses par des laïques instruites, capables et dévouées.

Représentant de Paris, M. Bourneville peut rendre de grands services, grâce à ses infatigables études, mais ne convient-il pas aussi d'apprécier ici que c'est un homme de science dont les convictions démocratiques n'ont jamais fléchi. Sous l'Empire, il collaborait au *Réveil* de Ch. Delescluze; en 1866, concurrent à l'internat, il quitte tout pour aller à Amiens soigner les cholériques; en 1870-71 il remplit les fonctions de chirurgien-major du 160e bataillon de la garde nationale, et celles de chirurgien aide-major à l'ambulance du Jardin des Plantes, sans négliger son internat à la Pitié. Dans la nuit de bombardement du 8 au 9 janvier 1871 il tient bon et rassure les uns et les autres. Dans l'hôpital criblé d'obus, il reste à son poste; en mai, au milieu de la semaine sanglante; malgré les menaces et les dénonciations, il continue à se dévouer à ses malades.

Depuis 1873, le docteur Bourneville a fondé un organe spécial qui a conquis une grande autorité dans le monde savant, le *Progrès médical*.

La prochaine Chambre aura plus d'une fois à consulter ce petit homme grisonnant qui sait beaucoup et parle peu, qui regarde et analyse toute chose de son fin regard gris de myope. Il avait sa place marquée à la tête de l'administration de l'Assistance publique. Il en a passé tout près, sans s'y arrêter, et c'est tant mieux pour ses électeurs.

ÉMILE BRELAY

1er Tour : 140 009 voix.
Ballottage : 286 244 voix.

On parle d'un projet de grande fête que l'industrie et le commerce parisiens comptent organiser au printemps prochain, et dont l'initiative appartient à la Chambre syndicale des dentelles, tulles et broderies.

Il s'agit d'une reconstitution de toutes les fêtes de quartier en faveur au moyen âge.

Ces fêtes, dispersées dans les divers arrondissements, se compléteraient par l'organisation d'un Longchamps en costume moyen âge, la réédification d'un pont de Paris (Pont-au-Change ou pont Notre-Dame), tel qu'il était en 1543.

Le cortège serait précédé du prévôt de Paris et du prévôt des marchands avec tout l'apparat des époques indiquées.

Puis viendrait la corporation des drapiers avec le chef-d'œuvre d'usage et entourée de dix-huit corporations secondaires.

C'est à la tête de la corporation des drapiers et marchands de tissus que nous devrions voir

M. Emile Brelay, député du IIe arrondissement de Paris.

Fabricant de tissus, 5, rue du Sentier, M. Emile Brelay est établi depuis quelque trentaine d'années dans ce quartier commerçant, populeux, républicain.

Il a tantôt soixante-dix ans. Non, je le vieillis. Il est né en 1817 à Puyraveau, dans la Charente-Inférieure.

Dès 1848 il est commandant de l'artillerie de la garde nationale parisienne.

Candidat à la Constituante.

Sous l'Empire, il appartient à l'opposition active de propagande légale; le 4 septembre le nomme adjoint au maire du XIe arrondissement.

Candidat aux élections de février 1871.

Survient le 18 mars. Les électeurs du IIe arrondissement portent 7000 voix sur le nom de Brelay. Mais le fabricant de tissus refuse le mandat de membre de la Commune.

Il a dû à ce moment faire partie de la Ligue des Droits de Paris, et prendre part à la manifestation des Francs-Maçons.

Les élections complémentaires du 2 juillet 1871 font enfin entrer M. Brelay à l'Assemblée nationale. Il obtient le joli chiffre de 98 248 voix.

M. Brelay siège à l'extrême gauche, signe les propositions d'amnistie, se consacre aux travaux des commissions, silencieux et modeste.

Les électeurs ne songent pas à se plaindre de ce silence et de cette modestie, car leur élu ne néglige pas une minute leurs intérêts.

Faute d'une voix, M. Emile Brelay échoue à la porte du Sénat.

Le IIe arrondissement le renvoie à la Chambre, le 20 février 1876, avec 7963 voix.

Nous avons, depuis cette époque, toujours vu M. Brelay assidu à son banc, exact, votant fidèlement avec l'extrême gauche. Un vieillard corpulent, portant une grande barbe de patriarche, la figure ouverte et le teint vif.

Certainement il aurait très bien fait sous la robe mi-partie de blanc et de violet que portaient les échevins de Paris. Peut-être, en ces temps-là, fût-il devenu prévôt des marchands, et c'est celui qui eût conduit le cortège des corporations parisiennes.

Saint-Simon, qui osait tout, eût écrit que M. Emile Brelay est un *des plus brave-hommes* de la Chambre, et il eût eu raison de forger ce pseudo-néologisme au profit de M. Brelay. Nous savons que ses collègues, comme ses électeurs, apprécient en lui une grande bonté naturelle, une simplicité de caractère qui retient la sympathie.

M. Brelay a naturellement fait partie des 363.

Au 14 octobre, il obtient une majorité de 10 622 suffrages.

Au 21 août 1881, ce fidèle IIe arrondissement renomme son député au premier tour de scrutin, à 6555 voix.

Nous avons sous les yeux la série de ses votes, où il n'y a aucune défaillance à relever.

HENRI BRISSON

Élu le 4 octobre par 215 853 voix.

Ministre et Président du Conseil, assez malheureux jusqu'à cette heure, M. Brisson ne paraît pourtant pas un homme fini. Il tient encore une place considérable parmi les politiques dont on attend quelque chose.

M. Brisson, âgé présentement de cinquante ans, pourrait bien avoir passé pour blond, mais il doit être né gris; on n'a que la couleur qu'on porte.

Natif de Bourges (31 juillet 1835), élevé à Bourges, étudiant en droit à Paris, licencié, franc-maçon dès sa majorité, il fait sa partie dans un groupe de frondeurs de l'empire à l'*Avenir* (1854), au *Phare de la Loire* (1861), au *Temps* (1864), à l'*Avenir national* (1869), fonde à cette époque, avec M. Challemel-Lacour et Gambetta, la *Revue politique*, est poursuivi, remarqué, devient quelqu'un, un homme classé pour tenir une place au moment d'un remaniement politique.

Candidat à Paris, en 1869, il échoue très honorablement battu par M. Glais-Bizoin. Le 4 septembre l'adjoint au maire de Paris, le 31 octobre l'amène à signer sa démission, mais il n'abandonne pas les fonctions de membre de la commission de l'assistance publique et de la commission de l'enseignement primaire.

Les électeurs du 8 février 1871 portent sur son nom 115594 voix et l'envoient à Bordeaux où, la première fois qu'il parle, il dit : « Citoyens représentants... »; il revient à Versailles et il y reste.

Rester où il est marque la caractéristique de M. Brisson. Il reste à Versailles quand plusieurs de ses collègues de la représentation de Paris démissionnent, il devient député du Xe arrondissement et reste député de ce X^e^, en 1877 et en 1881. Vice-président de la Chambre, il serait resté vice-président si Gambetta n'avait pas été condamné au ministère. Président, il a résisté jusqu'au dernier instant pour rester président au lieu de choir ministre.

Besogne vaine celle d'énumérer les discours de Brisson à l'Assemblée nationale. Ils furent applaudis et relativement marquants. Toujours, du reste, irréprochables au point de vue de la doctrine. Nous fixons maintenant notre attention sur M. Brisson, membre de la Chambre des députés. Il traverse une période vague. Pourtant, depuis son discours sur la mise en accusation des ministres du 16 mai, jusqu'à celui contre le divorce où il proclame l'indissolubilité du mariage « la dernière molécule sociale, » il est *conspicuus* et néanmoins obscur. Il sait son règlement parlementaire comme une grammaire, et son génie à l'appliquer compte bien pour quelque chose dans son élection à la présidence. Du reste, il avait, du temps de Gambetta, présidé la séance de l'amnistie et celle du scrutin de liste.

Orateur, il avait paru sombre, sourdement bouillant, un Hernani intérieurement interrompu par le son du cor fatal de Ruy Gomez; on ne lui connaissait pas de doña Sol, et cependant on le soupçonnait de méditer le mot d'ordre de Carlos : *Ad augusta per angusta.* Toujours en noir, vêtu d'une redingote de compagnon, à basques plissées, comme s'il avait gardé la même coupe d'habit depuis 1848, chaussé de durs souliers propres de cuir, il monte au fauteuil de la Présidence en réduisant simplement les basques de sa redingote, et, dès lors, son aspect reste immuable.

C'est un président qui ne rit pas. Trancher d'un mot d'esprit une situation délicate lui semblerait délictueux; il ne joue pas avec les orateurs, mais cherche aussi à ne pas les punir. Il se méfie des emballements de Gambetta. Pas de scènes, pour l'amour du Règlement, pas de scènes, pas d'expulsion, pas de petit local. Il se contient et parvient souvent à contenir l'Assemblée. Il préside à coups de couteau à papier, de sonnette et fait *chut!* comme une locomotive, avec des gestes immenses de bras apaisants, plutôt bénissants que menaçants. Il douche la Chambre. Soucieux d'impartialité, ordonnant des pointages nombreux, capable, au moment des votes indécis, de donner non pas le coup de pouce mais, le coup d'index, réglé de deux heures à six heures; se rappelant que la « station assise » a été funeste à Gambetta et profitant de toute occasion de se dégourdir les jambes; il mange des pastilles et boit du grog léger; l'estrade de la Présidence ne lui aurait pas déplu comme piédestal d'une statue inamovible... et de cette hauteur on peut avoir l'œil clairement fixé sur le sommet voisin où réside le président de la République.

Simplement, depuis bientôt vingt-cinq ans, M. Brisson inspire de l'estime et glace l'enthousiasme; ses amis vantent sa fière modestie et ses adversaires lui reconnaissent une imposante médiocrité. On ne cite pas de vers de M. Brisson, mais tout permet de croire qu'il a cultivé l'élégie. L'homme qui s'est écrié sur la tombe de Gambetta : « La poésie de nos luttes est morte ! » doit avoir des alexandrins sur la conscience. Son attitude ordinairement morose fait qu'on se demande si c'est un juste qui a des remords du péché originel, ou un tartuffe plein d'apprêt. On dit son intérieur correct et austère.

CAMÉLINAT

1er Tour : 121 095 voix.

Ballottage : 269 093 voix.

De terre en vigne,
La voilà, la jolie vigne,
Vigni, vigno, vignons le vin;
La voilà, la vigne au vin,
La voilà, la jolie vigne.

Vigneron, bon vigneron de l'Yonne (né à Mailly-la-Ville, en 1840), Camélinat vigneronne jusqu'à dix-sept ans. A son adolescence il vient aux environs de Paris et continue de vigneronner dans la banlieue.

Puis ça change. Camélinat gagne sa vie en servant d'homme de peine dans une fabrique de tubes de cuivre. Il apprend à limer et à souder. Homme de peine, ensuite, dans une fabrique de bronze, il apprend à monter et à ajuster. Vers 22 ans il connaît Beslay, qui le présente à Proudhon.

Il s'enthousiasme — comme son époque — pour les idées proudhoniennes.

Aux élections complémentaires de 1864, signe

le manifeste socialiste dit des Soixante, sur lequel Proudhon fonde les assises de son dernier livre : des *Capacités politiques des classes ouvrières.*

En 1864 encore, avec MM. Tolain, Fournaise, Perrachon, Murat, Varlin, organise l'*Association internationale des travailleurs :* l'Internationale.

Camélinat fonda une des premières chambres syndicales qui aient existé, celle des ouvriers du bronze qui, pendant cinq ans, le maintint aux fonctions de secrétaire.

En 1867, grosse complication. Les fabricants du bronze expulsent de leurs ateliers tout ouvrier syndiqué ou soupçonné de l'être. Tous, tous, sans exception, quittent l'atelier. On possède une caisse de 20 000 francs pour une grève générale. Camélinat passe en Angleterre, s'abouche avec les Trade's Unions, obtient leur appui effectif — 200 000 qui tombent — et, au bout de trois semaines, les patrons, malgré M. Barbedienne, leur meneur, cèdent et reprennent les grévistes.

Poursuites contre l'*Internationale.* Camélinat, secrétaire correspondant, condamné à trois mois de prison, goûte de Pélagie.

Notez, en 1869, l'organisation de la *Fédération des sociétés ouvrières*, qui établit son siège place de la Corderie.

Elle va devenir au Quatre Septembre, grâce en partie à l'impulsion de Camélinat et de ses amis, le comité des vingt arrondissements de Paris qui se transformera bientôt en *Comité central.*

L'ouvrier bronzier sert de porte-drapeau au 209e bataillon de la garde nationale.

18 mars : délégué à la Monnaie. Jusqu'alors la Monnaie fonctionne comme une entreprise particulière en relations étroites avec l'État. M. de Bussière a le titre d'entrepreneur de la fabrication, M. Hulot dirige l'entreprise de la fabrication des timbres-poste.

Camélinat organise la Monnaie en service public; il frappe pour deux millions de numéraire; jusqu'au mercredi 24 mai, tandis que tout flambe aux alentours, depuis six heures du matin jusque vers midi et demi, les ouvriers restent au travail, sous les yeux du directeur. On frappe ce jour-là pour 153 000 francs, que Camélinat et ses employés conduisent dans des corbeilles à la mairie du XIe arrondissement.

Cet argent sert à payer les fédérés jusqu'au samedi.

Eh bien! depuis 1871, la Monnaie reste organisée comme l'a organisée le délégué de la Commune, et les améliorations qu'il a apportées dans le fonctionnement du service ont été reconnues parfaites et conservées. Nous attendons le jour où l'on substituera à la fallacieuse exergue : DIEU PROTÈGE LA FRANCE, celle dont Camélinat avait fait frapper le coin : TRAVAIL, GARANTIE NATIONALE.

Camélinat ne désarme pas jusqu'au dimanche. Un courageux et dévoué citoyen, habitant rue Moret, dans le haut de la rue Oberkampf, le recueille, lui donne l'hospitalité pendant deux mois et demi, lui procure un passeport avec lequel il gagne l'Angleterre.

En Angleterre, Camélinat reprend son métier de monteur en bronze; fait partie des Trade's Unions qui le connaissent; rentre à l'amnistie, est nommé syndic de la corporation du bronze, délégué à l'Exposition d'Amsterdam en 1883, délégué de l'Art industriel à l'Exposition de Boston.

Il a gardé l'aspect sympathique, simple, bien français du bon vigneron. On a plaisir à lui serrer la main.

De foudre en tonne,
La voilà, la jolie tonne.
Tonni, tonno, tonnons le vin,
La voilà, la tonne au vin.
La voilà, la jolie tonne!

CANTAGREL

1er Tour : 182 361 voix.
Ballottage : 289 006 voix.

Grand vieillard de soixante-quinze ans, qui marche solidement et que ne courbe point le poids de l'âge, avec sa forte barbe blanche, ses longs cheveux roulés sous un chapeau à vastes bords, d'épaisses lunettes, et l'aspect d'ensemble assez rébarbatif, M. François Cantagrel représente très typiquement le démocrate socialiste de la première école.

Il s'honore d'avoir fidèlement servi « le parti » depuis cinquante ans, et il ne se défend certes pas d'avoir gardé ce que l'on appelle maintenant, avec une intention de critique, « l'esprit de parti ». Les fidèles républicains comme M. Cantagrel, qui ont connu les épreuves, la prison, l'exil, fondaient leurs convictions — et l'histoire les a justifiés — plutôt sur une inébranlable fermeté que sur une très étendue plate-forme d'idées modernes. Ingénieur civil et publiciste, né à Amboise (Indre-et-Loire) en 1810, M. François Cantagrel s'appliquait cependant dès sa jeunesse à réunir une grande somme de connaissances.

Conducteur des ponts et chaussées, il suit aussi le cours de l'École de droit, écoute avec beaucoup d'assiduité les leçons de Fourier, et publie un ouvrage de propagande destiné à répandre cette doctrine. Les années de lutte se comptent par les années de prison. Trois mois en 1847 pour la *Démocratie Pacifique*. Après avoir pris une part active à la campagne des banquets, échouant d'abord en 48, il arriva en 49 à la législative. Pas pour longtemps; décrété d'accusation pour la manifestation du 13 juin 1849, il fut condamné par la haute cour de Versailles à la déportation et à la mort civile.

Heureusement que cette mort eut la civilité de l'épargner; après dix années d'exil, supportées en Angleterre, aux États-Unis, en Belgique, il rentra en France après l'amnistie qui suivit la guerre d'Italie.

Aussitôt il reprend sa place au premier rang de la bataille pour la démocratie; mais sous l'Empire, ni en 1863, ni en 1869, il ne réussit à triompher de la candidature officielle.

En 1870, il tient campagne de plume dans l'Ouest, comme rédacteur en chef de l'*Union démocratique*, à Nantes.

En 1871, il fait dans son journal de louables efforts pour recommander la conciliation entre

Paris et Versailles. Mais il n'en avait pas encore fini avec la prison. Comme d'autres vétérans de son époque, vers la soixantaine, il habite encore une cellule de détenu politique, condamné à six mois par la Cour d'assises de la Loire-Inférieure pour avoir critiqué les actes du gouvernement.

Il sort de Sainte-Pélagie pour entrer au Conseil municipal où l'envoient les électeurs de la Chapelle. Il compte parmi les 184 délégués du Congrès républicain qui adoptent la candidature Barodet et parmi les 30 conseillers qui opposent ce citoyen à M. de Rémusat.

Candidat aux élections complémentaires de 1876, dans le XIIIe arrondissement, il passe au deuxième tour de scrutin du 23 avril avec 5580 voix. Campagne pénible, qui ne se termine pas sans laisser quelques amertumes aux uns et aux autres, car des dissentiments avaient éclaté entre les meilleurs démocrates. Mais, dès lors, M. Cantagrel est en possession de son siège et ses électeurs l'y maintiennent résolument par 8327 voix au 14 octobre, revanche du 16 mai, par 8417 voix en août 1881.

Le scrutin de liste parisien conserve le même mandat à ce mandataire fidèle. Depuis dix ans, nous l'avons vu à la Chambre, assidu, compétent sur nombre de questions techniques, ardent sur la plupart des questions politiques qui ont passionné la Chambre. Ce septuagénaire montre un feu de jeune homme comme ses amis d'exil, quand on parle légèrement des proscrits de 48 et du coup d'État.

M. F. Cantagrel, qui passe pour un homme de bon conseil, a toujours siégé à l'extrême gauche, et toujours voté avec elle.

GERMAIN CASSE

1er Tour : 133 655 voix.

Ballottage : 286 060 voix.

On doit des égards à un ancien confrère. Peut-être notre jeunesse irréfléchie n'observa-t-elle pas toujours scrupuleusement cette règle. Au moment des élections de 1876 les *Droits de l'Homme* se fondaient et combattaient avec ardeur les anciens révolutionnaires tournant à l'opportunisme. M. Germain Casse, qui, sous l'Empire, avait été courriériste parlementaire de la *Marseillaise*, ne comptait plus que parmi les clicheurs d'entrefilets de la *République française*. L'influence de cette maison l'avait fait élire à l'Assemblée nationale par la Guadeloupe.

Le représentant sortant fut salué de cette bordée : « La candidature de M. Germain Casse dans le XIVe arrondissement est un scandale. M. Casse a été sous l'Empire un des membres actifs du parti révolutionnaire avancé. Après la Commune son ambition politique l'a amené à des idées plus pratiques. Il s'est rallié à la politique d'opportunité, et il n'a pas tardé à devenir le plus souple des gambettistes. Après avoir vainement cherché, paraît-il, une candidature municipale dans le XIIIe arrondissement, il a réussi à se faire nommer député à la Guadeloupe. Au commencement de la période électorale il a senti sa situation compromise à la Guadeloupe, et il a voulu avoir à tout prix sa circonscription à Paris. Il s'est présenté successivement dans le XIIe et dans le XVe arrondissement; les nécessités de la grande politique gambettiste l'ont forcé de se désister successivement de ces arrondissements. Alors on l'a envoyé au XIVe. »

Puis on imagina un enfantillage. Notre *Petite Gazette* publia cet écho : « Un député des colonies qui brigue aujourd'hui les suffrages des électeurs parisiens n'aurait été élu jadis, nous assure-t-on, qu'en faisant distribuer à foison son portrait dont la tête, relativement blanche, était transformée en tête de nègre.

La population du XIVe arrondissement, où les charbonniers ne sont pas en majorité, partagera-t-elle cet enthousiasme? »

La scie dura longtemps et prit de l'extension. On feignit de croire que M. Germain Casse se portait candidat à Canton, à Saïgon, aux îles Sandwich, à Gadhamès et en divers autres pays.

On reçut le jour du premier scrutin la dépêche suivante :

Taïti, n° 13, mots 40.

Dépôt 1 h. matin.

Jounal DROITS DE L'HOMME, Lagny (Seine-et-Mane).

Inscits 1421. — Votants 1111.

Emin Casse, adical modéé, 610 voix (Élu)
Lé-la-lu lou, monachiste, 371 voix
Ho-pè, candidat esclave, 82 voix
Voix pédues (chipées dans l'u'ne 21
Bulletins noi's Tous.

Puis, nous reçûmes de Ghadamès, de Canton et des Sandwich des dépêches qui proclamaient le succès de M. Germain Casse, puis le lendemain, autres dépêches annonçant que le scrutin avait été barboté et que l'élection était cassée.

Bref, M. Germain — Louis Asseline s'étant retiré au deuxième tour — obtenait 7651 voix et entrait à la Chambre de 1876. Il n'y brilla pas. Le Seize Mai fut un atout pour lui. Réélection contre M. Georges Lachaud, bonapartiste, avec 9009 voix.

M. Casse venait d'accomplir un exploit le 17 mai, à la gare Montparnasse; il avait crié sous les nez de MM. de Broglie, de Meaux et Pâris : « Salut au parti de l'étranger! » La session de 77-81 ne révéla pas un Casse plus éclatant. La campagne de 1881 offrit un curieux spectacle.

Menée avec une vigueur juvénile par Alphonse Humbert qui, dans toutes les réunions, ne cessa pas de tutoyer son ancien collaborateur et de lui parler amicalement, elle aboutit cependant à la réélection de M. G. Casse.

A la Chambre de 1881, M. Casse a paru se vouloir réveiller. Il a parlé pour le détachement des colonies du Ministère de la Marine, et sur le chemin de fer du Sénégal; écoutez ça : « C'est précisément parce que je suis un défenseur acharné de la colonisation que je vous adjure de ne jamais admettre d'entreprise sans qu'on vous ait clairement indiqué le but qu'on veut atteindre. »

Parler ainsi et voter, comme il l'a fait, pour toutes les entreprises ferrystes! Le scrutin de liste a amnistié M. Casse d'erreurs que le scrutin d'arrondissement lui eût peut-être fait payer cher!

CLÉMENCEAU

1er Tour : 202543 voix.
Ballottage : 284844 voix.

Depuis 1876 où il entre à la Chambre et prononce, dès mai, son premier discours en faveur de l'amnistie, jusqu'à la fin de la législature de 1885, terminée par son retentissant réquisitoire contre le coupable Jules Ferry, on voit le personnage parlementaire de M. Clémenceau, en ces dix années, gagner plus d'extension que de hauteur. Il s'étend plutôt qu'il ne monte. Ses progrès semblent tenir plus de la conquête personnelle que de l'ascendant politique. Porté par les événements à une éminente place, il domine et ne plane pas encore. Il se présente au premier rang à la bataille rangée du suffrage universel, parce que les circonstances l'ont poussé au premier rang des batailles parlementaires.

Oui, le lundi 16 mai 1876, la première Chambre républicaine, alors âgée de trois mois, regardait curieusement un nouvel orateur qui prononçait le premier grand discours sur la question de l'amnistie. Ce député, dont la figure était déjà populaire, apportait à la tribune un genre de parole presque inédit : on eût cru entendre comme une sorte de communication télégraphique saccadée, intense, obstinée, et dans laquelle on saisissait des chaînes de raisonnement reliées de loin en loin par un anneau brillant qui formait étoile dans l'ensemble du discours.

Gambetta, pas encore omnipotent, applaudissait beaucoup cette éloquence révélée au Corps politique.

En juillet 1882, Gambetta, tombé de la présidence au pouvoir, et du pouvoir au néant, n'applaudissait plus. Un deuil de famille l'avait contraint de s'absenter le jour même où, pour une fois, en trois législatures, M. Clémenceau devait se mesurer avec lui, car jamais de rencontre publique ne s'était engagée à la tribune entre ces deux anciens amis.

De 1876 à 1881, M. Clémenceau donnait courageusement pour l'amnistie, pour l'éligibilité de Blanqui, et contre la préfecture de police; ce n'est pas lui qui, en 1882, mène le 26 janvier; mais, Gambetta disparu, comprenant que de nouveaux devoirs s'imposent, il passe cette législature à combattre pour la revision et contre la folie des entreprises coloniales.

Le parti républicain tout entier pouvait apprécier en lui un tacticien qui négligeait la question de portefeuille pour servir un intérêt politique plus haut, un mandataire fidèle qui rappelait au respect des principes et des programmes les décepteurs opportunistes, un homme qui savait éloquemment faire prévaloir la justice sur l'appétit de parti, et montrer que les devoirs envers la démocratie sont inséparables des devoirs envers l'humanité; socialiste de bon aloi quand il condamnait l'odieuse loi sur les récidivistes, et penseur bien moderne quand il flagellait avec indignation les inventeurs de la théorie des races inférieures; puis, quand on avait écouté l'orateur de verve subjuguant son auditoire, se prêtant à la discussion avec une courtoisie académique ou lançant des répliques d'une sécheresse claquant comme une gifle, on suivait le chef de groupe exerçant sa lucidité alerte aux moments décisifs; qui agite les bancs de la gauche radicale, réveille les amis indécis, apaise la rhétorique du vieux questeur, pousse au vote, va prendre un renseignement parmi les gauchers voisins du banc des ministres, ou pose un court ultimatum aux membres du cabinet, qui saute au bureau des secrétaires, revient à sa place ou à la tribune pour une nouvelle motion, discute dans l'hémicycle avec ses adversaires, salue une victoire d'un applaudissement ou rachète une défaite par un cinglant mot d'esprit? qui, sinon ce souple et vivace personnage à la tournure toujours jeune, aux yeux bruns doux sous ses courts cheveux grisonnants?

Grâce à de nobles qualités, jouissant d'une autorité reconnue par ses amis, d'une juste estime chez ses adversaires, M. Clémenceau, au bout de dix ans de parlementarisme, occupe certainement une des grandes avenues du pouvoir. Il a prouvé que nul soupçon d'ambition personnelle ne peut l'effleurer.

La Démocratie doit pouvoir mettre un grand espoir en cet homme encore jeune, qui possède à son acquis une sérieuse expérience du monde politique, une éloquence très personnelle, un passé intact, et qui médite l'exemple, à ne pas suivre, de Gambetta.

EUGÈNE DELATTRE

1er Tour : 159 173 voix.
Ballottage : 285 937 voix.

Un coup de soleil de septembre réveille les gais coteaux de la Seine, le ciel capricieux joue avec l'eau claire où glissent des transparences; les verdures changeantes frissonnent doucement, tout le paysage sourit; les canots et les skiffs filent comme des flèches, les pensives rangées de pêcheurs à la ligne soupirent après l'ablette, tandis que partout des affiches de restaurateurs promettent de vastes fritures, des promeneurs suivent en butinant la rive herbue, la nature enchante, il fait bon vivre.

Sur la berge de Bougival, un homme regarde avec intérêt passer les bateaux. Il flâne devant une maison d'habitation qui paraît une « propriété conséquente ». Ce propriétaire a l'air d'un brave homme. Il est en veston, coiffé d'un béret blanc, un foulard au cou. Ses cheveux, moustaches et favoris grisonnent.

Il donne la main à une jolie fillette, dont la robe rouge jette un éclat sur le vert du pré.

Tiens! en ce riverain de la Seine, le Parisien reconnaît un des tribuns du peuple : M. Eugène Delattre, député de la 1re circonscription de Saint-Denis. Et, si ce Parisien a quelque peu le culte du paysage et des fleurs, il ne manquera pas de faire un grand salut au député-horticulteur dont une rose rouge porte le nom, et qui dénomme encore une clématite découverte en 1877. Oui, cet homme politique est un pépiniériste de marque. Une feuille de rose l'absorbe plus qu'un grand discours à prononcer.

Et pourtant il en a fait des discours, depuis 1853 où il a été reçu avocat à Paris.

Ramburelles (Somme), qui est un joli nom de comédie de mœurs, l'a vu naître en 1830, le 3 janvier. Très assidu aux travaux de la conférence des avocats et aux séances de la Société pour l'instruction élémentaire, M. Delattre faisait, le soir, au lycée Charlemagne, des cours pour les ouvriers, et transportait son auditoire.

Dès lors il a une spécialité qu'il n'a cessé de développer en public et dans les assemblées. Je ne dis pas de la culture des roses, je parle des chemins de fer : *Tribulations des voyageurs et expéditeurs en chemin de fer*; volume qui eut du succès en 1858, et qui en aurait peut-être encore.

Le *Serment au dix-neuvième siècle*, pamphlet contre l'empire, le lance dans la politique. En 1869, il soutient ardemment la candidature de M. Rochefort dans la septième circonscription; il défend, devant la haute cour de justice de Blois, le malheureux Tony Moilin; le 4 Septembre l'envoie comme préfet à Laval. Il monte à cheval; ses adversaires l'accusent d'être un préfet trop équestre, il répond avec esprit qu'un bon républicain doit toujours être à cheval sur les principes.

Après la guerre, au barreau, il n'a jamais cessé de les défendre, les principes d'humanité, de solidarité, d'assistance sociale. Il plaide pour les employés de chemins de fer (procès Hulot, Guimbert, Mengus), il plaide pour la *Lanterne* et pour le Vieux Petit Employé, il plaide la fameuse affaire Bernage. En 1874, il devient conseiller municipal du quartier de la Villette, qui le réélit avec force en 1877 et 1880.

Au début de la période électorale de 1881, il n'est pas candidat. Quand il accepte la candidature, il obtient au premier tour de scrutin 7871 voix, ses concurrents MM. Camille Sée et Joffrin se retirent, il est élu le 4 septembre par 10326 voix.

A la Chambre, où tout n'est pas rose, il fait nombre de questions, interpellations, propositions, relatives au régime des chemins de fer. Sa principale œuvre de la session consiste en tous les documents parlementaires qui peuvent se rattacher à la « proposition ayant pour but de régler les rapports des Compagnies de chemin de fer avec leurs agents commissionnés ».

Il flétrit les « conventions scélérates ». Il parle bien, avec abondance, en avocat. Il se fâche quand on ne veut pas l'écouter, et ça arrive de temps en temps. Quand il commence son discours, il plaque les arguments sur la tribune comme s'il lustrait avec sa main une serviette sur une planche à repasser. Il montre de la fougue, monte comme une soupe au lait, puis s'apaise et fait le bonhomme. Son dernier discours sur les chemins de fer a été très applaudi. Ce doit être un heureux citoyen celui qui cultive des roses et s'endort sur des lauriers.

CAMILLE DREYFUS

1er Tour : 153 632 voix.
Ballottage : 283 452 voix.

Le 10 avril 1885, au banquet anniversaire de la *Nation*, quand Tony Révillon dit de sa belle voix sonore : « Je remercie Dreyfus de nous avoir donné à dîner au Palais-Royal, en l'honneur de la *Nation*... », tout le monde battit des mains. Applaudissements qui s'adressaient aux paroles de l'orateur comme à ceux qu'elles saluaient. On applaudissait en Dreyfus et en son journal le succès rapide, nouveau, décisif et qu'un bruit de foule grossissante accompagne; un journal du soir, jeune comme une feuille sur laquelle perle encore la rosée de l'aube, dirigé par un homme jeune entouré de jeunes gens... Le directeur n'a pas trente-cinq ans !

Camille Dreyfus se déclare né à Paris 19 août 1851 (ne lisez pas un *trois* au lieu de *cinq*). Pendant le siège, fils de veuve, il s'engage dans le corps des mobilisés de la Seine et se bat aux avant-postes.

Il est mathématicien, comme M. Laisant, et

professe pendant deux années. Le journalisme le tente, l'*Avenir de la Sarthe* l'accueille ; il fait son apprentissage en attrapant cinq mois de prison pour outrage au président de la République. En 1874, cela. Camille Dreyfus a donc outragé M. de Mac-Mahon, et non M. Grévy.

La période de 1876 à 1879 s'émaille de collaborations diverses à des journaux de Paris et de province, de voyage et aussi de mois de prison.

Entre temps, en 1876, une petite campagne dans les campagnes de la Vendée, et huit jours « à l'ombre » pour avoir défendu une femme que maltraitait un ecclésiastique trop ardent.

En 1879, Camille Dreyfus devient chef de cabinet du sous-secrétaire d'État du ministère des finances. Dreyfus possédait des aptitudes de chiffres qui se développent à bonne école. Il commence à faire partie du groupe d'hommes extraordinaires que j'ai signalé comme « sachant lire un budget ».

Nommé, vers cette époque, commissaire du gouvernement à l'exposition de Bruxelles, il reçoit, au retour de sa mission, le ruban de la Légion d'honneur. Il le porte imperceptible.

Je ne note pas les duels, qui ne sont pas une affaire pour lui. Prévenez-le avant midi, à quatre heures vous le trouverez sur le terrain.

Le 24 décembre 1882, les électeurs du Gros-Caillou l'envoient au conseil municipal. Il y prend une place éminente. Ses électeurs — et je les connais — le « gobent » comme un représentant modèle. Au 4 mai 1884, ils le renomment au premier tour de scrutin contre quatre concurrents.

En 1884 aussi, fondation de la *Nation*.

Tout le temps à l'œuvre; rapporteur de la commission d'enquête sur la crise industrielle, de la commission des logements à bon marché, rapporteur général de la commission du budget de 1885, président de la commission du budget départemental de 1885 et 1886 et de la commission pour l'Exposition de 1889, orateur très disert sur l'emprunt, un des plus remarquables enfin des membres de l'autonomie communale.

Camille Dreyfus a publié nombre de livres d'économie politique. Je me demande comment il a pu les écrire autrement qu'avec l'aide de la sténographie. Il va si vite! Le *piano* du proverbe ne le concerne pas. On saisit en lui plusieurs points de ressemblance avec Yves Guyot. Même ouverture étonnante d'esprit, même compréhension, même rapidité de conception et de travail, même parole alerte, spirituelle, pleine de parisianismes.

... Dreyfus (Camille) sera un des hôtes les plus typiques du Palais-Bourbon. Le voir une fois suffit pour ne pas l'oublier. — Et j'entends déjà le président dire : « La parole est à monsieur le rapporteur général de la commission du budget. » Dreyfus monte à la tribune.

EUGÈNE FARCY

1er Tour : 113 090 voix.

Ballottage : 287 968 voix.

Un candidat des plus chers parmi les amis que nous aurions voulu voir figurer dans ce recueil se plaignait de l'auteur qui l'avait mis personnellement en scène et qui l'avait fait parler à la première personne.

M. Eugène Farcy n'a pas de ces appréhensions. Comme un de nos confrères avait émis un doute sur les services qu'il rend à la démocratie au Parlement où elle l'envoie depuis 1871, M. Farcy s'est empressé d'adresser au *Gagne-Petit* une longue lettre qui frise assez l'apologie pour que nous en tirions des extraits :

« A la législature de 1881, dit M. Farcy, j'ai déposé une proposition tendant à accorder des pensions aux victimes du devoir, — projet dont je fus le rapporteur et qui a été adopté à l'unanimité par la Chambre.

« J'ai pris part plusieurs fois à la discussion sur les ports de Marseille, et j'ai fait repousser un projet tendant à dépenser inutilement 95 à 100 millions dans un intérêt purement local.

« J'ai fait partie de la commission d'enquête Cissey, dans laquelle j'ai dénoncé certains procédés et détournements de l'administration.

« J'ai présenté le projet qui fait retourner au Trésor toutes les sommes indûment perçues par les compagnies de chemins de fer, lesquelles sommes s'élèveront, à la fin du travail, à près de 19 millions.

« J'ai signalé les gaspillages résultant des transports de la guerre pendant l'expédition de Tunisie.

« J'ai pris part à la discussion du projet de loi sur l'administration de l'armée et signalé tous les abus de l'intendance.

« J'ai parlé dans la discussion sur l'assimilation des mécaniciens de la marine aux capitaines de frégate.

« J'ai déposé une proposition de loi relative à l'habillement et aux objets de campement des troupes de l'Algérie et des colonies.

« J'ai également pris part à la discussion des services maritimes postaux, et donné les moyens de supprimer tous les millions qu'on donne en prime aux compagnies.

« J'ai déposé un projet pour faire baisser de moitié le prix de l'abonnement des téléphones (en raison de ce projet, on vient de donner une concession à charge par elle de réduire l'abonnement de 600 à 350 francs).

« A propos de la pension accordée au fils d'Abd-el-Kader, je suis venu protester contre le Sénat qui s'obstinait à ne pas vouloir voter des fonds pour les victimes du devoir.

« J'ai protesté aussi contre toutes les dépenses exagérées de la campagne du Tonkin, et démontré que les étrangers savent venger des insultes sans dépenser le moindre million.

« J'ai pris part à la discussion du budget extraordinaire de 1885, ainsi qu'à celle du projet demandant 25 millions pour secours à la classe ouvrière.

« J'ai parlé dans la discussion sur les dispositions à prendre par les compagnies de chemins de fer en cas de guerre, et demandé un petit essai de mobilisation.

« J'ai proposé et fait adopter un projet autorisant la libre fabrication des armes de guerre.

« Tout récemment encore j'ai présenté et fait adopter le projet de loi accordant des médailles aux soldats et marins du Tonkin.

« J'ai fait partie, en outre, de nombreuses commissions dont les plus importantes, qui ont fonctionné pendant quatre années, sont celles de l'armée, des ports, canaux et voies navigables, des transports de guerre, des crédits pour travaux aux cinq ports de guerre, des collisions en mer, etc.... »

Singulier malheur, en effet que celui de M. Farcy. Il a accompli tous ces hauts faits et l'on n'a pas pris la peine de s'en apercevoir. Il faut s'en excuser. Car, lorsque M. Farcy parle, il paraît impossible qu'on ne l'entende pas. Cet ancien marin a une voix de trompette marine.

Pourquoi ne figure-t-il point parmi les plus populaires des élus de Paris? Il est né à Paris, il l'a défendu, il le représente depuis quinze ans!

M. Farcy a commencé par le tour du monde à bord de l'*Oriental*. Élève de l'École navale il, fit campagne à la Réunion, à Madagascar et dans le Levant.

L'empire ne lui procura guère d'avancement : de 1859 à 1870 il reste au grade de lieutenant de vaisseau. Il avait pourtant déjà inventé la canonnière qui porte son nom et qui rendit des services pendant le siège de Paris.

Envoyé à l'Assemblée nationale en 1871, à la Chambre en 1876, 1877 et 1881 par le XVe arrondissement, M. Farcy se targue d'avoir bien rempli son mandat. On ne peut guère le chicaner sur ses votes qui, dans les occasions importantes signalées, sont presque toujours conformes à ceux de l'extrême gauche.

Mais, entre temps, que d'abstentions ! que de tergiversations qui lui ont causé un réel préjudice !

CHARLES FLOQUET

Élu le 4 octobre par 263 762 voix.

Un excellent républicain — mort depuis des années — avait donné à dîner à quelques hommes considérables, parmi lesquels M. Ch. Floquet, ancien député, conseiller municipal et général. Notre éminent hôte avait coutume de noter quotidiennement ses impressions sur les hommes et les choses. Quand il dicta à son secrétaire la mention de ce dîner de politesse, de politique, et un peu d'affaires, il ajouta ce mot significatif : « Floquet ne dégèle pas ».

Il paraît cependant que M. Ch. Floquet est fort accessible au dégel. Quiconque entend parler de M. Floquet par ses amis doit envier l'honneur de le connaître. Ils louent sa fidélité d'affection, son caractère affable, son désir de serviabilité, son absence de morgue dans une des plus hautes situations politiques où il a su ne pas se guinder.

Il fallait que le président de la Chambre trouvât quelque chose entre le débordement de

Gambetta et la retenue morose de M. Brisson. Le président Floquet s'est montré au fauteuil tolérant, pas maladroit, parfois spirituel; dans les couloirs — et c'est quelque chose de ne pas redouter les couloirs — après la séance, il fume son cigare comme un simple visiteur de la salle des Pas-Perdus, et il ouvre son audience à qui l'aborde poliment.

Singulière époque, celle où l'on voit à la présidence du conseil et à la présidence de la Chambre des hommes qui semblent mettre en action ce vers de *Ruy-Blas* :

Pardon! Ne faites pas attention, je passe.

Comme les temps changent, et comme s'éloignent de nous les « j'y suis, j'y reste. »

Ç'aura été un des curieux spectacles de la dernière législature d'assister à la permanente lutte politique entre l'oncle et le neveu. M. Floquet a quatre ans de plus que son neveu par alliance, M. Jules Ferry. Au cours de ces quatre années, en mainte occasion, porte-parole de l'opposition républicaine, M. Floquet accable de duretés le ministre aventureux, mais il reste protecteur pour le parent.

Un droitier quelconque disait, à la fin d'une séance, en traitant on ne sait quelle question accessoire : « Voilà où nous ont menés les entreprises des *frères Ferry* »; M. Ch. Ferry protesta,

M. Floquet prit vertement fait et cause pour la famille et somma l'orateur d'expliquer ses paroles. Ah! mais.

Il est temps, il est juste que, vers la soixantaine, M. Floquet ait enfin de l'assiette et du repos dans une situation élevée. Voilà des années qu'il lutte. Avocat retentissant dans les procès de l'empire; condamné dans l'affaire des Treize; adjoint au maire de Paris en septembre 1870; démissionnaire après le 31 octobre; au 8 février élu représentant, vingt-neuvième, sur la liste de Paris avec 93 579 voix; démissionnaire après le 18 mars; détenu au château de Pau pendant la Commune; de 1872 à 1876, président du conseil municipal de Paris; nommé par le XIe arrondissement, au 20 février 1876, par 21 889 voix; réélu en 1877 par 24 432 voix, sans concurrent; en 1881, dans la première circonscription du même arrondissement, par 11 779 voix; en janvier 1882, successeur d'Hérold à la préfecture de la Seine, préfet remarquable qui sait entretenir de bonnes relations avec le conseil municipal et donner à temps sa démission à propos de la question de la mairie de Paris; appelé par les vœux de Perpignan et recueillant, le 22 octobre 1882, 5301 voix; revenant à la Chambre plus ardent que jamais, élu et réélu vice-président, enfin président — on sait après quelle lutte — M. Floquet a, comme on le voit, subi toutes les vicissitudes qui peuvent former le caractère, l'expérience et la supérieure raison d'un homme politique. Certes, l'extrême gauche ne le possède pas entièrement, et il ne se réclame pas d'elle ; mais son art a consisté à chercher, à conseiller, à trouver des solutions politiques qui fissent aboutir les questions en s'écartant le moins possible des principes et des programmes. On peut louer, à cet égard, son application et sa bonne foi.

On sait que l'éloquence de M. Floquet est faite d'amples raisonnements et de sonores redondances. Il excelle à découvrir le nœud politique d'un débat parlementaire. Il nous a charmés en prononçant au fauteuil, ou dans plusieurs cérémonies publiques, des allocutions bien écrites, généralement supérieures aux improvisations de ses prédécesseurs.

FOREST

1er Tour : 154 650 voix.

Ballottage : 287 092 voix.

Notre éminent et regretté ami J. de Bouteillier, dont la perte doit causer un durable remords à ses calomniateurs, présidait la séance extraordinaire du conseil municipal où fut offerte à l'explorateur Savorgnan de Brazza une médaille d'or.

Le président de Bouteillier avait adressé à M. de Brazza un de ses *speechs* élégants, bien écrits et bien dits comme il savait les faire ; on vit alors monter à la tribune un petit homme alerte, aux cheveux blancs bien roulés, sans barbe, et tout à fait semblable à un notaire de l'époque précédant la nôtre.

Plusieurs d'entre nous avouèrent qu'ils ne connaissaient pas M. Forest, président du conseil général.

Ce vieillard propret lut un petit discours tout simple, disant juste ce qu'il fallait dire ; puis il descendit de la tribune et se confondit parmi ses collègues.

Nous l'avons revu semblable à la Chambre. Exact, assidu, silencieux, votant très bien, toujours avec l'extrême gauche, aidant quelquefois M. Lafont à ranger son ieu de bulletins. On croirait qu'ils vont faire tous les deux une partie de piquet.

M. Forest a été un des derniers élus de la législature de 1881-1885.

Le 9 septembre 1883, le Ier arrondissement de Paris remplaçait M. Tirard, ministre, qui émigrait au Sénat, où il aurait dû siéger depuis longtemps.

M. Forest, président du conseil général de la Seine, obtint au premier tour du scrutin 3 269 voix contre MM. Hiélard et Despatys.

Au second tour, M. Forest fut nommé par 5 305 voix contre 2 764 données à M. Despatys.

On voit que la présidence du conseil ne sert pas mal ceux qui occupent ce poste élevé et un peu négligé par la popularité. Voilà M. Georges Martin sénateur, M. Forest député, M. Michelin... Nous verrons les autres.

M. Forest, avant d'entrer à la Chambre, avant de représenter le quartier du Palais-Royal au conseil municipal, avait passé de longues années au barreau. C'est un des avocats les plus occupés du Palais pendant toute la fin du règne de Louis-Philippe.

Il plaide beaucoup d'affaires civiles et contentieuses. Il connaît à fond ses dossiers. Il les étudie et les médite. Il ne risque pas de retentissants succès oratoires, mais il perd rarement les affaires qu'on lui confie.

Après la guerre, après la Commune, M. Forest rendit encore de plus signalés services aux clients qui s'adressèrent à lui. Il se montra habile et dévoué avocat pour nombre de citoyens, de pauvres diables compromis dans les événements d'avril-mai 1871.

Me Forest eut encore une glorieuse occasion de prendre la parole. En 1875, il défendit le vénérable F.-V. Raspail, poursuivi devant les tribunaux pour avoir rapporté dans son almanach de simples vérités de fait au sujet de l'entrée de l'armée de Versailles à Paris.

La non-publicité des séances du conseil municipal et du conseil général empêche Paris de connaître ses représentants les plus intimes.

M. Forest le faisait très bien sentir dans son discours d'ouverture quand il prit, le lundi 30 octobre 1882, possession du fauteuil de la présidence du conseil général.

« On refuse même au département de la Seine ce qui a été accordé à tous les autres départements, la publicité de ses séances, une commission permanente, et le droit de conférer des intérêts communs avec d'autres conseils généraux.

« En protestant contre un pareil état de choses par la revendication des libertés départementales nous ne ferons, du reste, que suivre l'exemple de nos prédécesseurs, et, comme eux, nous ne manquerons pas à ce devoir en restant toujours sur le terrain du droit et de la justice. »

M. Forest a soutenu et soutiendra de ses votes ces paroles.

FRÉBAULT

1er Tour : 159 331 voix.

Ballottage : 287 479 voix.

Quand la Chambre siégeait à Versailles, le train de 1 heure 30, gare Montparnasse, emmenait le contingent de la rive gauche, des hommes vertueux, des philosophes. Monsieur Frébault, député du VIIe arrondissement, arrivait à la dernière minute, essoufflé, enflant les joues. Les jours de pluie, il se faisait conduire par une large voiture, un peu ancienne, où devait tenir toute une famille. — « Bonjour, docteur, montez donc avec nous. » — Le brave docteur avait déjà accompli une partie de la besogne quotidienne. Visites faites, visites reçues, il avait dans la matinée examiné une armée de malades. Clients gratuits pour la plupart. Mais qu'importe ! Le docteur ne s'inquiète en rien de la valeur du client. Si, pourtant. Quand manque l'argent pour les remèdes ou la subsistance, il s'empresse de payer de sa propre bourse sa propre visite au malade.

Vers Ouest-Ceinture, le docteur s'assoupissait.

Au loin, blanchissait Clamart; Meudon s'enfonçait dans les verdures; au fond du bois mystérieux soupirait Chaville; Viroflay semblait jaillir de la plaine. Versailles! Notre confrère, l'éloquent et ultramontain Barnabé Chauvelot, frappait sur le genou du dormeur : « Allons, docteur, allons voir ces canailles. » Chauvelot aimait à faire remarquer que le docteur portait le doux prénom d'Élie, qui signifie « mon Dieu ».

Et l'on s'acheminait par la rue de Paris. Le docteur marchait un peu courbé, le dos rond, comme un homme pensif, plutôt. On n'était pas bien sûr qu'il ne rencontrât pas de client, même à Versailles.

A la Chambre, il ne nous fatiguait pas de ses discours. Parfois, il soutenait sommairement une proposition utile et de sa compétence spéciale, quelque amendement budgétaire. Mais, la plupart du temps, à Versailles ou à Paris, on le voit faisant la navette entre la salle des séances et la salle d'attente du public. Innombrables sont les personnes qui viennent le demander et lui demander quelque chose.

Clients, électeurs, compatriotes savent bien qu'on ne le relance pas en vain. Le docteur Frébault est Messin, né à Metz en 1825.

Depuis longtemps il habitait le quartier du Gros-Caillou, quand, en 1871, ses voisins lui firent un devoir de les représenter au Conseil municipal.

Élu, il siège à l'extrême gauche. En 1876, on lui impose la candidature aux élections législatives. Dame! l'arrondissement n'est pas commode. Il contient une grosse minorité réactionnaire qui ne lâche jamais le morceau et qui parfois l'emporte; témoin l'élection municipale de 1884.

Enfin, M. Frébault obtient au second tour de scrutin 6148 voix contre M. Bartholoni que nous retrouvons, cette année, candidat de la liste conservatrice.

Au moment du 16 mai, la lutte fut excessivement violente. La réaction concentrait un puissant effort sur le VIIe arrondissement. Il fallut vraiment que M. Frébault jouît de la popularité qu'il possédait pour pouvoir résister et lutter sans désavantage.

Son adversaire est encore M. Bartholoni. Le soir du 14 octobre, nous attendions avec anxiété les renseignements du septième. Il semblait bien qu'il nous échappait. Cependant, au ballottage, M. Frébault obtient un millier de voix de plus que M. Bartholoni.

> . . . . Bartholoni!
> Avec ce nom fatal en avons-nous fini?

Aux élections de 1881, M. Frébault a pour adversaires MM. Denys Cochin, Thierry et Dupont. M. Cochin usurpe encore 4774 voix. M. Frébault passe avec 6480 voix.

Les votes du député du septième se comptent avec ceux de l'extrême gauche. Il a voté la suppression du budget des cultes, la mise en accusation des gens du 16 mai, la proposition Laisant. On ne connaît pas d'homme politique plus apte à tâter le pouls... de l'opinion publique.

YVES GUYOT

1er Tour : 171 433 voix.

Ballottage : 283 452 voix.

Appartenant à la phalange des derniers combattants de l'Empire, déjà emprisonné, à cette époque, pour sa campagne de l'*Indépendant du Midi* de Nîmes, M. Yves Guyot pouvait croire, dès le Quatre Septembre, que le suffrage universel républicain ne tarderait pas à lui ouvrir les portes du Parlement. Mais, jusqu'à présent, ce sont des portes de prison que la République lui a le plus généreusement ouvertes.

Quand le terrible état de siège Ladmirault opprimait la presse parisienne, M. Yves Guyot guerroyait dans le premier *Radical*, bientôt supprimé; la pénurie de ces temps rigoureux condamme cet excellent polémiste à des travaux de plus longue durée; il se consacre, avec notre ami Sigismond Lacroix, à son *Histoire des prolétaires*. Il entre au Conseil municipal : la levée de l'état de siège lui permet de ranimer le *Bien public* et de fonder avec Lacroix les célèbres et tourmentés *Droits de l'homme*, supprimés au bout d'un an, et remplacés aussitôt par le second *Radical* que le Seize Mai étrangle. Aux *Droits de l'homme*, six mois de prison subis à Sainte-Pélagie pour le premier article de la campagne sur la police des mœurs.

Ainsi s'accumulent les épreuves sur cet homme toujours alerte, jamais découragé. Entre temps, il accepte des candidatures hasardeuses sans considérer autre chose sinon que tout citoyen actif se doit à ses concitoyens. Battu à Bordeaux, presque vainqueur à Paris, il se voit pourtant entre deux sièges : celui de conseiller municipal de Paris qu'il a quitté, celui de député qui s'enfonce sous lui comme un tabouret de piano.

Petites misères de la vie politique. Privé de journal, il retrouve la *Lanterne;* privé de siège, il revient victorieusement au Conseil municipal. Il va commencer sa campagne contre la police des mœurs; il secoue comme un prunier l'innocent Gigot, préfet de police, avec les *Révélations d'un ex-agent des mœurs* et les *Lettres d'un vieux petit employé.*

Une surprise électorale le dépossède encore une fois de son siège de conseiller.

Il succombe sous l'averse de pièces de cent sous d'un candidat dont le 4 octobre l'a vengé. Car, dans le IVe arrondissement, tandis que M. Ruel obtient à grand effort 2000 voix, Yves Guyot en réunit 7058.

La représentation radicale de la Seine acquiert en lui un excellent représentant. M. Yves Guyot n'est pas le type de l'homme « qui sait lire un budget » comme M. Wilson, M. Jules Roche ou M. Sadi-Carnot; non, mais il le lit avec une rare sagacité pour y découvrir des clous qu'il tenaillera avec une incroyable activité jusqu'à ce qu'il les arrache, ou s'imagine d'en planter d'autres à côté.

Ce qui frappe en Guyot, a écrit avec beaucoup de verve un de ses anciens collègues, « c'est une originalité de parole où il trouve naturellement le mouvement et la vie; l'argument, le chiffre, la période, se suivent, se pressent, se mêlent, emportant l'auditeur sinon toujours convaincu, du moins toujours entraîné, provoqué à répondre.

A la tribune il est psychologiquement bien curieux à suivre; énergique et souple, simple et décidé, bon enfant et colère, ému et plaisant, saluant lui-même tout le premier de son rire jeune et ironique parti de sa barbe grisonnante le trait qui provoque le rire ou la protestation de l'auditeur. »

Mais il reste d'Yves Guyot un avatar qu'on ne peut cacher sans ingratitude. Breton devenu très parisien et connaissant Paris dans ses coins, il les fouille avec son binocle de myope, il fourre son nez pointu en maint endroit où l'administration n'aime pas qu'on regarde, et, quand il a fait dans son butin la part de l'économiste et celle de l'humanitaire, il attribue encore une bonne proie au romancier. Alors il écrit la *Famille Pichot*, *Un fou*, *Un drôle*, histoires contemporaines saisies en pleine réalité actuelle, rapides, vivantes, fécondes en dramatique ironie, d'un style curieux.

S. DE HÉRÉDIA

1er Tour : 104 954 voix.
Ballottage : 264 133 voix.

On sent comme un creux dans la carrière ascensionnelle de M. S. de Hérédia. On croit qu'après la crise électorale de 1885 il ne manquera pas de remonter. Où ? Voilà la question. Manquer de finesse ne paraît pas son principal défaut.

Et il se pourrait bien que sa mésaventure relative du mois de septembre le servit au cours de la prochaine Législature.

Lâché, sans trop de regrets, par les préparateurs de la liste de l'Union de la Presse, M S. de Hérédia se cramponne, se raccroche à la branche de salut des députés sortants à moitié submergés, à cette *Fédération Radicale* qui conserve à Paris une partie, et la moins pure, de son ancienne représentation. Il lutte, il se soutient à bras tendus, il flotte, il surnage, il arrive trente-septième sur trente-huit, mais enfin il compte dans le peloton, et il passe dans le lot.

Commode situation pour M. de Hérédia. Il

peut se dire : Je suis l'élu de la fédération radicale, mais je ne suis pas l'élu des groupes radicaux. Sa conscience et son intérêt plus ou moins bien entendu peuvent l'engager à pencher vers les malins qui s'intitulent « radicaux de gouvernement ». Évolution difficile à opérer pendant la dernière Législature. Plus d'un qui l'a tentée, avec moins de ménagements que M. de Hérédia, a manqué d'y perdre son siège comme M. de Hérédia.

Dame! je relève l'un près de l'autre deux mauvais votes. Vote en faveur des conventions « scélérates », vote, plus coupable, de l'ordre du jour P. Bert et Loubet, accordant un blanc-seing à M. Ferry déjà embourbé en plein Tonkin. Presque tous les crédits tonkinois, M. de Hérédia les vote. A la fin de la session, plus avisé, comprenant que l'opportunisme coule à fond, il vote contre les crédits pour Madagascar.

Voilà pour les votes, mais comme il s'agit ici de vérité et de justice et que nous n'hésitons pas à faire bon poids à nos adversaires de demain, nous déclarons que M. de Hérédia a prononcé à la Chambre d'excellents discours. Des discours pas compromettants, qui ne pouvaient ni contrarier ni embarrasser beaucoup le ministère, des discours d'affaires, mais fort bien pensés et très bien dits, des discours qui signalent à l'attention des *leaders* un député tout à fait *ministrable*.

Il s'occupe vers ses débuts d'une proposition tendant à l'affectation d'un terrain à Paris pour la construction du petit lycée Louis-le-Grand, soutient une proposition sur les Sociétés de Secours mutuels, ne laisse pas passer un budget sans le regarder de près et sans en discuter avec compétence quelque partie importante, souvent l'Intérieur, aussi l'Instruction publique et le Commerce.

Mais, particulièrement, M. de Hérédia n'a jamais oublié — il faut l'en louer — que son premier prestige date du Conseil municipal. Le Conseil municipal où il siégeait depuis 1871 pour le quartier des Ternes, il le présidait avec un certain éclat et défendait vaillamment ses prérogatives.

Aussi, à la Chambre, M. de Hérédia, en plusieurs occasions, a pris la parole pour traiter de l'organisation municipale et pour discuter le projet de rattachement au budget de l'État des dépenses de police dans la Ville de Paris. Étrange contradiction! Il prononce un très remarquable discours qui détruit le projet du gouvernement et il finit par voter pour.

Discours également, au dernier mois de la Chambre, sur le budget de la Légion d'honneur dont il est rapporteur.

Oui, M. de Hérédia parut un moment un des plus dévoués défenseurs de Paris. Ne prononçat-on pas son nom quand on énumérait les hommes possibles pour la mairie centrale de Paris, ou — moindre objet — pour la Préfecture de la Seine.

J'ai cité les votes et les discours. Une autre particularité nuit à M. de Hérédia. Il fricote avec les Donon, les Vilard, les Paul Bert et l'opportunisme financier dans les Banques prétendues populaires et dans des entreprises qui ne semblent pas d'une éblouissante limpidité. Riche, il veut encore s'enrichir. On sait que M. de Hérédia est originaire de Cuba, naturalisé en 1871. Figure d'officier espagnol qui a le teint olivâtre et les cheveux tirant sur le blond. Ne l'appelez pas Stanislas, l'S de son prénom signifie *Severiano.*

AUGUSTE HUDE

1er Tour : 141 337 voix.

Ballottage : 279 573 voix.

Notre ami S. Pichon va avoir un mouvement d'humeur. La députation de la Seine comptera un représentant plus jeune que lui. M. Auguste Hude m'a déclaré qu'il avait environ trente-quatre ans, mais on affirme d'autre part qu'il se vieillit exprès. Il est certain qu'il paraît tout jeune. Pas très grand, mince, vif, une petite moustache blonde, comme un aspect dégagé d'officier de chasseurs de Vincennes. Si M. Hude nous a trompés, nous le saurons bien à la rentrée.

On serait mal venu de contester à cinq des candidats nouveaux que l'Union radicale a inscrits sur sa liste, et dont trois arrivent en utile rang, la qualité de travailleurs manuels.

M. Perocheau est tellement tenu par son travail d'ajusteur mécanicien que nous ne l'avons pas même aperçu au comité. Nul n'ignore que M. Basly a pioché la mine depuis son enfance; MM. Camélinat, Alary, Hude m'ont fourni les renseignements les plus précis sur la technie de leur métier. Pour M. Alary, nous avions quelque teinture de ses occupations, puisqu'il est typographe et que c'est un peu notre partie. M. Camélinat, l'autre semaine encore, maniait les pièces de bronze et traitait le métal avec un art consommé; il n'y a pas bien longtemps on eût trouvé M. Auguste Hude sous le tablier noir de l'employé de marchand de vins.

M. Auguste Hude a commencé modestement. Il était garçon de comptoir dans une maison de Javel; puis il suit les échelons du métier ; metteur en bouteilles, empileur, tonnelier, comptable, voyageur, enfin négociant en vins.

J'avoue que je ne connaissais pas cette hiérarchie; mais on apprend quelque chose tous les jours.

Par exemple au cours de la dernière législature où la Chambre a pataugé dans un si lamentable gâchis, quand elle a discuté le régime des vins, sans pouvoir aboutir, le citoyen Auguste Hude aurait certainement pu prononcer quelques paroles fort utiles.

Il connaît remarquablement la législation qui régit les boissons et n'a cessé de réclamer contre les mesures oppressives de 1816 et de 1851. Certainement les pénalités infligées sont énormes, comparativement aux délits; encourir les pertes des droits civils et politiques pour avoir usé du mouillage ou du vinage !

Il n'est pas nécessaire de pousser beaucoup M. Hude pour l'amener à affirmer qu'il est partisan du vinage et du mouillage. Il considère qu'un baptême sincère, permettant au marchand de vendre son vin à des prix plus bas, sans surfaire la qualité, est préférable à tout expédient de coloration ou autre.

Est-ce sa franchise qui lui a valu la confiance de ses concurrents du commerce des vins et celle de ses concitoyens? M. Hude n'a point entortillé ses déclarations. Il a produit très bon effet à la dernière réunion où il a paru et où il l'a emporté sur son rival de la corporation, M. Duvignier, président du syndicat des débitants de vins.

Voilà maintenant que M. Hude, avec une chance peu ordinaire, entre dans le groupe d'élite sur lequel compte Paris. Son passé est tout local, mais, dans sa localité, il jouit d'une réputation parfaitement établie et soutenue depuis des années.

Avant d'avoir l'âge légal d'électeur, il combattait l'empire; en 1873, il faisait voter pour Barodet, organisait le comité cantonal d'Issy, dont il devint maire en 1884. La même année, il fut élu conseiller d'arrondissement par plus de 3000 voix contre 1600 obtenues par ses deux concurrents.

Sans compter toutes les occasions où se manifesta son dévouement dans les comités, il faut noter son attitude au 16 mai. Avec quelques coreligionnaires, il organisa la résistance dans Issy, et il était prêt à tout pour défendre la République.

On attendait le mot d'ordre de Paris, et aussitôt la brave et républicaine banlieue se hérissait. Quand s'éloignent les souvenirs tragiques, certaines particularités subsistent dont on apprécie surtout le côté fantaisiste. Les affidés du comité d'Issy avaient, paraît-il, imaginé, pour se prévenir sans danger et sans délai, une manière de se servir de leurs chapeaux qui fournirait un excellent sujet de vaudeville à M. Labiche, à M. Gondinet, ou d'opérette dans le genre de la *Fille de madame Angot* à M. Lecoq... « Perruque blonde et collet noir ». Vous verrez qu'un jour quelque écrivain balzacien, bien renseigné, muni de documents et d'indiscrétions, écrira un autre *Envers de l'histoire contemporaine* où figureront les incidents occultes du 24 et du 16 mai. Heureux que ces deux dates n'inspirent plus jamais que des romanciers !

SIGISMOND LACROIX

1er Tour : 188 793 voix.
Ballottage : 286 028 voix.

Je ferai aux lecteurs une surprise agréable en leur mettant sous les yeux une remarquable page de Tony Révillon, présentant son collègue ainsi qu'il suit, en 1883 :

Il est né à Varsovie, le 26 mai 1845, d'un Polonais et d'une Polonaise. Mais son père, fixé depuis longtemps en France, voulut que son fils fût Français, et Lacroix le devint en 1868, à la suite de la naturalisation de son père. Son nom de Lacroix est la traduction exacte du nom de Krzyzanowski.

En 1866, employé auxiliaire à 1200 fr. à la mairie du XIe arrondissement, il avait fait ses études au lycée d'Angers, où son père occupait un petit emploi à la préfecture; ensuite il était venu à Paris suivre les cours de l'École de droit, et il avait donné des leçons pour vivre.

En 1868, l'auxiliaire passe employé, et, en 1870, pendant le siège de Paris, il rend de tels services, qu'il est nommé commis principal par

M. Mottu, alors maire du onzième arrondissement.

Il perd sa place pendant la réaction qui succède à la Commune, mais il entre presque aussitôt, comme rédacteur, au *Radical* que M. Mottu venait de fonder.

En 1872, l'état de siège supprima le *Radical*. Lacroix alors entreprend, avec son ami Yves Guyot, la publication en livraisons d'un ouvrage fort intéressant et malheureusement inachevé, l'*Histoire des prolétaires*. Il donne ensuite un résumé de droit civil d'après le remarquable Manuel de son maître Acollas.

Au mois de novembre 1874, les électeurs du quartier de la Salpêtrière lui offrent la candidature au Conseil municipal, trois jours seulement avant l'élection, et il l'emporte à une grande majorité sur le candidat républicain modéré.

En 1876, Lacroix fonde, avec Yves Guyot, le premier journal intransigeant : *Les Droits de l'Homme*, dans lequel Rochefort fit sa rentrée comme journaliste, avant l'amnistie.

Ce journal est supprimé par jugement; le *Radical* le remplace avec la même rédaction ; il est supprimé de même, et Lacroix est condamné à trois mois de prison pour outrage au culte catholique.

Il collabore à la *Lanterne* (1878), crée la *Révolution française* (1879).

« L'œuvre qu'il poursuit dans tous ses journaux, il la poursuit de même au Conseil municipal, étudiant tour à tour chacune des grandes questions, prenant une part active à toutes les discussions importantes. Il fait le rapport sur la réorganisation des caisses d'écoles, sur le budget de la préfecture de police, sur les besoins de l'Assistance publique à Paris, sur les cantines scolaires. Il propose, développe, défend, finit par faire adopter un projet d'organisation municipale, que la majorité vote et que le gouvernement annule.

« Ce projet, qui a pour but l'institution de l'autonomie communale, dans la mesure compatible avec l'unité de la patrie, explique et justifie la notoriété de Sigismond Lacroix, et il restera son titre à la confiance des électeurs de Paris.

« Ce jeune homme tiendra une grande place parce qu'il est l'homme d'une idée. »

Cette place Sigismond Lacroix l'a conquise à la Chambre par son premier discours sur l'autonomie communale. On sait comme il avait étonné et subjugué la majorité de « sous-vétérinaires », qui se demandait, au sujet de l'autonomie communale, ce que ce pourrait bien être que cette bête-là.

Lacroix prit une autre fois la parole sur un des articles de la loi municipale; dernièrement, il a interpellé le ministre de l'intérieur à propos des maladroites mesures prises au Père-Lachaise et des troubles qui en ont résulté.

Mais Lacroix, à la Chambre, souvent dégoûté des platitudes et des vanités de la discussion, n'a pas cessé de suivre attentivement le mouvement municipal.

On se rappelle sa campagne et sa victoire de l'hiver dernier contre le budget de la préfecture de police, on n'a pas oublié quelle a été son influence sur l'élection sénatoriale de M. Georges Martin et l'élection municipale de M. Patenne.

Quand, en 1881, il obtint à Belleville 3536 voix contre Gambetta encore à l'apogée de sa puissance, il était véritablement déjà désigné pour faire partie de la députation de Paris, auquel il avait déjà rendu de signalés services et qui lui donnait à la fin de mars 1883 une majorité de 3795 voix contre MM. Métivier et Dumay.

La ferme et correcte attitude de Lacroix, affirmée dans le *Radical* auquel il collabore depuis sa fondation, lui a encore conquis des suffrages et une nouvelle estime.

Il est permis de dire ici que ceux qui connaissent Lacroix et, le pratiquant, ont vu fléchir sa raideur naturelle, lui ont consacré un durable attachement. Ils comptent sur lui, comme lui doit compter sur l'avenir.

M. J.-A. LAFONT

1er Tour : 151 457 voix.

Ballottage : 285 254 voix.

Sur la butte en butte aux luttes
Des élus et des damnés,
Les séraphins étonnés
Disent, soufflant dans leurs flûtes :
O sacré cœur de Jésus,
    Doux Jésus,
Qui donc t'a f... là-d'ssus?

Ce « cantique gaulois », devenu populaire, correspond parfaitement à une proposition déposée au conseil municipal par M. Lafont quand il y représentait cet arrondissement.

M. Lafont réclamait la désaffectation de l'église du Sacré-Cœur. Il proposait qu'à la place de cette bâtisse on érigeât une colossale statue de la Liberté dominant la ville.

Propagandiste libéral sous l'empire, auteur de publications à succès, adjoint à ce jeune homme de vingt-huit ans qui devint maire de Montmartre et député à l'Assemblée nationale — nous avons nommé M. Clémenceau — M. Lafont suit depuis longtemps les variations de fortune de son maire et ami. Il se dévoue, pendant le siège, avec une grande activité, lui qui marche difficilement, à l'organisation des bataillons et des cantines. Après la Commune, il reprend la plume, rédige un bulletin commercial pour un grand journal, devient conseiller municipal pour le quartier des Grandes-Carrières.

Très apprécié et aimé de ses commettants.

A l'élection complémentaire du 18 décembre 1881, dans la première circonscription du dix-huitième arrondissement, le remplacement de M. Clémenceau, qui optait pour la deuxième circonscription, semblait naturellement échoir à M. Lafont.

M. Lafont « publiciste », obtenait 6082 voix contre MM. Joffrin, Berry et Henry.

Le courriériste parlementaire avoue un faible pour ce brave représentant qui parle rarement et qui vote si bien. Qui vote bien, non seulement pour lui-même, mais aussi pour les autres.

Je trahis tout. Plusieurs collègues moins assidus que M. Lafont, et connaissant son assiduité, lui ont confié leurs bulletins.

Certains jours, il dispose au moins de vingt voix d'extrême gauche ou de gauche radicale. Voilà un homme précieux pour les fins de séance. Quand l'ennui, la vanité de la discussion chassent tout le monde, M. Lafont reste solide au poste. Il prévoit qu'il y aura des scrutins successifs et d'interminables scrutins, et il prépare son clavecin de bulletins blancs et bleus ; virtuose incomparable sur l'épinette parlementaire. Parfois même, s'il n'y avait pas de scrutin demandé, M. Lafont, qui a dans son pupitre des demandes de scrutins signées en blanc, — je continue de trahir — en dépose une s'il la croit nécessaire aux intérêts de son groupe. Un jour nous l'avons blâmé d'un coup de zèle que nous jugions excessif. Il a répondu avec esprit qu'il avait été bien bon de ne pas déposer une demande de scrutin public à la tribune.

Le respect du règlement de la Chambre nous rappelle qu'il est défendu de voter pour les absents. Il est encore bien plus défendu d'être absent sans congé.

Et, quand la droite se mêle d'embêter le monde, il y a là, sur un banc d'extrême gauche, vers le cinquième rang quelqu'un de toujours présent pour répondre, et qui fait parfois la terreur du président. On entend une voix méridionale qui crie :

— Il y a demande de scrutin.

— Sur quoi ?

— Sur la position de la question. — Sur le règlement de l'ordre du jour. — Sur la priorité. — Sur un article additionnel.

Le président — ce jour-là je crois M. Philippoteaux — se laissa aller à cette menace :

6

— Monsieur Lafont, si vous déposez encore une demande de scrutin, je vous rappelle à l'ordre.

Un tel homme, qu'on ne s'y trompe pas, n'est point une utilité, c'est une nécessité. Ses amis apprécient en lui un esprit pratique, modeste, gai, indépendant et solide. La mauvaise volonté de la commission spéciale a contraint au sommeil des cartons une excellente proposition de J.-A. Lafont, signée avec soixante de ses collègues et portant abrogation de la loi des 14-23 mars 1872 qui établit des peines contre les affiliés de l'Association Internationale des travailleurs. Sa petite tête faunesque est populaire à Montmartre.

Sur la butte en butte aux luttes
Des élus et des damnés,
Les séraphins alarmés,
Disent soufflant dans leurs flûtes :

— Il y a une demande de scrutin déposée par M. Lafont.

ANATOLE DE LA FORGE

Élu le 4 octobre par 222 334 voix.

Questionnât-on sur la situation politique de M. Anatole de la Forge une personne relativement instruite des détails du Parlement, elle ne manquerait pas de répondre que, depuis la guerre, l'honorable député du neuvième fait partie des assemblées délibérantes. Extrême erreur. M. Anatole de la Forge, malgré sa puissante popularité, n'est entré à la Chambre qu'en 1881, en remplacement de E. de Girardin. Quand une campagne électorale paraissait difficile et le candidat réactionnaire capable de l'emporter, on allait chercher A. de la Forge. Son nom ralliait une quantité de suffrages, sa personnalité en conquérait d'autres encore, mais néanmoins il restait en minorité. Pourquoi? A cause de son programme. Il avait un programme radical et déclarait qu'il ne l'avait point gardé depuis trente ans pour en changer à l'occasion d'une élection.

Ainsi, quand la démocratie avait besoin d'hommes d'action sur lesquels elle pût compter, au

14 octobre, A. de la Forge échoua dans le IXe arrondissement avec 3241 voix contre 6334 données au réactionnaire, amiral Touchard. Enfin, en août 1881, le défenseur de Saint-Quentin obtient 4977 voix.

Dernièrement, nous avons salué son avènement à une vice-présidence de la Chambre, et nous comptons bien que la prochaine Chambre le maintiendra au fauteuil.

Le caractère de M. A. de la Forge offre un intérêt particulier en ce sens qu'il sait allier en soi une extrême fidélité à son parti et une extrême indépendance. Quand il a une idée, il la suit malgré tempête et ouragan; quand il a pris une résolution, il s'y tient avec une rare ténacité. Il l'a bien prouvé pour l'impérissable honneur de son nom, quand, en 1870, préfet de l'Aisne, il a organisé la défense de Saint-Quentin, ville ouverte, et fait reculer les Allemands. Il l'a prouvé plus récemment quand, ayant déclaré le congrès de Versailles incompétent et inutile, il s'abstint de siéger. D'abord les politiques le blâmèrent; mais, après deux ou trois séances, tout le monde lui donna raison de s'être soustrait à la chaleur et aux stupidités. Au Congrès, il nous aurait peut-être réjoui par quelque boutade de bon sens que pouvaient seuls se permettre le père Frédéric Thomas avec sa verve périgourdine, et lui, de la Forge, avec son humeur courtoise. C'est pourquoi nous aimerions le voir au fauteuil. Il nous faut des présidents gais, pas grognons, pas intolérants.

A. de la Forge a débuté dans la diplomatie. J'imagine que ce fut un diplomate de l'école de M. de Lesseps, avec lequel il a plusieurs points de contact. Mais en 1848 il abandonna la « carrière » pour le journalisme. Au *Siècle* et à l'*Estafette*, il défendit les causes libérales et les causes généreuses, la Pologne et la Vénétie.

Il pense large et il écrit de même. Il n'est pas batailleur, mais il est chatouilleux. Il n'a pas une collection complète d'une vingtaine de duels, mais je crois qu'il s'arrête à seize. Préfet de l'Aisne, préfet des Basses-Pyrénées, directeur de la presse, il rédigea un rapport concluant à la liberté absolue et à la suppression de l'emploi. Il donne le bon exemple en envoyant aussitôt sa démission.

A la Chambre, nos amis le choisissent avec confiance quand il s'agit de porter à la tribune une proposition périlleuse. A la tribune, il se montre plutôt loustic — disons le mot — que solennel. Il a de l'esprit et il s'en sort, il est réputé d'une rare affabilité, mais il a aussi la réplique sèche. Vous le rappelez-vous, M. Devès-Surenchère? Quand de la Forge proposait le Panthéon pour Victor Hugo et que vous laissâtes échapper votre incongruité, vous reçûtes cette courte leçon de notre éminent collègue : « Cette interruption n'est désobligeante (?) que pour celui qui l'a prononcée. » Élu président de la Ligue des Patriotes, A. de la Forge a très sagement donné sa démission. En dehors du charme des relations personnelles, ce que les adversaires et les amis estiment au plus haut point, en ce vaillant démocrate, c'est un sentiment de l'honneur si délicat qu'il saisit toutes les nuances de complications, et si sûr qu'il résout d'extrêmes difficultés par des arbitrages qu'on peut accepter sans hésitation.

LAISANT

1er Tour : 126 552 voix.
Ballottage : 284 191 voix.

« Souvenons-nous-en tous, messieurs, dit la reine Marie Tudor, aux grands de sa cour, la couronne d'Angleterre a été sauvée par un pont qui a permis à mes troupes d'arriver jusqu'aux rebelles, et par un mur qui a empêché les rebelles d'arriver jusqu'à moi. Le pont, c'est le pont de Londres. Le mur, c'est lord Clinton. »

Si un mur avait pu sauver Paris et le garantir de l'investissement prussien, M. Laisant eût été ce mur, lui qui, commandant du génie, au fort d'Issy, résista héroïquement au terrible bombardement de décembre et de janvier. Si un pont avait pu sauver Paris, ce commandant de génie, qui est un mathématicien hors ligne, l'eût construit, et il est probable que ce pont n'eût pas été trop court comme ceux de M. Ducrot. Il fut, à cette époque, nommé chevalier de la Légion d'honneur pour sa conduite à l'affaire dite de la *Gare aux bœufs*.

Il apparaît que M. Laisant a gardé une certaine

passion pour son métier d'ingénieur artificier. Il a lancé, dans la Chambre où il siège depuis 1876, des pétards qui ont éclaté avec un bruit de bombes.

En 1879, rédacteur en chef du *Petit Parisien*, il provoque par ses révélations l'enquête sur les actes du général de Cissey. Il implique dans l'affaire son collègue Émile de Girardin et la querelle produit un court incident public à la Chambre.

L'an dernier, le rédacteur en chef de la *République radicale* écrit, à propos de l'affaire des « bolandistes », le fameux article « Chambre infâme » qui met à feu tout l'opportunisme. M. Brisson n'est pas content, mais c'est M. Langlois qui se plaint.

M. Laisant lui répond avec beaucoup de rigueur et de sang-froid, ne provoquant rien mais ne cédant sur rien. Il a une sorte de talent d'acier; froid, assez raide, jetant parfois de brusques éclairs, des dégagements meurtriers.

Il conduit une question comme un siège. Il a ses tranchées, ses parallèles, sa mine et sa contre-mine; au moment de faire feu, il ne redoute ni l'éclat, ni le recul de sa pièce. Il se tient là, impassible, rigoureux, surveillant tout et prêt à toute complication.

Cet éveil perpétuel, cette sorte de permanente tenue en garde, qui ajoute au caractère très entier de M. Laisant on ne sait quelle allure inquiétante pour ses adversaires, s'expliquerait peut-être par les antécédents de l'honorable député de Nantes. Breton d'excellente souche bretonne et républicain, M. Laisant fit, au lycée de Lorient et à Sainte-Barbe, de brillantes études qui le mènent à l'École polytechnique d'où il sort dans l'arme du génie.

Lutte aussitôt contre l'énervante routine militaire, lutte politique, bientôt, et contre d'acharnés concurrents et contre l'administration : « Élu au mois d'octobre 1871 conseiller général pour le premier canton de Nantes, M. Laisant, rapporte un biographe, siégea à la gauche du Conseil. Cette attitude lui valut les persécutions du gouvernement de l'ordre moral, qui mit tout en œuvre pour l'empêcher de remplir son mandat, l'envoyant en Corse, puis de Corse à Tlemcen, et de Tlemcen à Sidi-bel-Abbès. M. Laisant ne se laissa pas abattre et les préfets de combat le retrouvèrent en face d'eux à chaque session. Il fut réélu en 1874. »

M. Laisant donne sa démission de capitaine de génie, en 1876, pour se présenter aux élections dans la première circonscription de Nantes.

Il obtient 8720 voix contre 5870 à M. Polo.

Dès la session de 1876, il dépose le projet (signé avec Gambetta) tendant à l'établissement du service de trois ans et à la suppression du volontariat. On n'oublie pas que ce projet considérable, grâce à la mauvaise volonté des ministres de la guerre qui se sont succédé, a mis tantôt dix ans avant d'aboutir. Encore n'arrivera-t-il que prochainement au Sénat.

Pendant qu'il s'occupe de politique, il ne néglige pas ses chères mathématiques. Le député de Nantes passe son doctorat ès sciences mathématiques le 27 novembre 1877.

Réélu en 1877 par 9692 voix contre 5162 à M. Cornulier-Lucinière.

En 1881, M. Laisant n'a pas de concurrent, mais ses adversaires n'ont pas capitulé. Ils le combattent par l'abstention : M. Laisant obtient 6805 voix.

Paris peut et doit adopter ce ferme républicain qui l'a bien défendu et qui saurait, au jour venu, le venger.

J. L. DE LANESSAN

1er Tour : 180 921 voix.
Ballottage : 287 890 voix.

La période électorale de 1885, grâce au scrutin de liste, offre, pour Paris du moins, une beauté particulière. Exempte de polémiques mesquines, de violences personnelles, d'échanges d'ordures, elle se termine comme un noble duel, marquant les vaincus de profondes et nettes blessures. On dit que des journaux opportunistes ont maltraité les candidats radicaux. Les imprudents et les malheureux! Pour aboutir où ils ont abouti! La presse radicale a apporté des affirmations générales, précises, et n'a vilipendé personne.

M. J.-L. de Lanessan, député sortant du cinquième arrondissement a profité de cette indulgence. Certes le scrutin d'arrondissement qui nécessite les attaques de candidat à candidat ne l'eût pas autant ménagé.

A l'ouverture de la session de 1881, M. de Lanessan entrait à la Chambre en avaleur d'opportunistes. Il apportait une réputation de savant

— méritée, — d'orateur — surfaite — et d'intransigeant.

Ses premiers discours ratèrent. Pourtant il parle très bien, malgré un accent gascon qui casse l'oreille. Il semble qu'il prononce son nom en y ajoutant un *g* surmonté d'un esprit rude. Il gaspilla une jolie occasion. Interpellateur de M. Goblet au sujet des troubles de Bullier, il ne développa aucune des qualités nécessaires en pareille circonstance. Il fit mieux, et avec plus de succès, quand vint en discussion l'organisation municipale. Il voulut prouver à ceux qui le croyaient — comme il le croit lui-même — le fondateur de l'autonomie communale, que son contre-projet l'emportait de beaucoup sur les idées exposées en si bons termes par Sigismond Lacroix. Le contre-projet échoua, mais, à partir de ce jour, M. de Lanessan réussit à se faire prendre au sérieux. M. Waldeck-Rousseau lui décocha des compliments, M. Jules Ferry le caressa, et il trouva des douceurs dans l'entretien de ce grand ministre. Alors M. de Lanessan ne se montra plus intraitable sur la question du Tonkin, et il s'offrit pour traiter celle de Madagascar.

L'opportunisme eut des égards pour cette recrue inespérée. Enfin, M. de Lanessan goûta la volupté des applaudissements d'une majorité gouvernementale. Son discours sur la question de Madagascar restera — non pas comme le meilleur — mais comme le plus réussi.

On accusa M. de Lanessan de guigner le fauteuil de sous-secrétaire d'État aux colonies. Mais il avait un trop aimable commerce avec M. Félix Faure pour lui souffler sa place. Oui, trop aimable. Cela le perdait. On remarquait des petits faits significatifs. A une fin de séance, M. Félix Faure demandait avec insistance la mise à l'ordre du jour de je ne sais plus quel projet exotique qu'on suspectait de servir plus ou moins tel ou tel intérêt relativement général. M Félix Faure se heurtait à une hostilité marquée de la Chambre. Ami récent du cabinet, M. de Lanessan, quoi qu'il lui en coûtât, dut témoigner du zèle : il monta à la tribune, soutint son compère le sous-secrétaire d'État, et dut prendre sa part de l'échec qu'il subit.

Ce court incident prit les proportions d'un scandale dans le monde parlementaire. Certains hommes, au parlement et en dehors du parlement, exprimèrent une indignation qui alla jusqu'à l'injustice. On essayait en vain de les ramener. Mais à ceux qui gardaient encore une réserve d'absolution à M. de Lanessan, les derniers incidents de la période électorale du Var ont porté un coup irrémédiable. M. de Lanessan a-t-il oui ou non figuré sur la liste dont M. Jules Roche faisait la tête et l'ornement?

Eh bien, voilà les compromissions et les ambiguïtés qui, depuis deux ans, ont perdu cet homme de talent. On a blâmé ses discours et ses votes, on a raison de juger avec encore plus de sévérité son attitude. Dans le parlement comme dans les comices électoraux, M. de Lanessan a pratiqué des accointances pour lesquelles il faut forcer un peu le sens du mot « acoquinement ».

Il se tromperait s'il imaginait que le scrutin du 4 octobre et celui du 18 l'engagent à continuer. M. de Lanessan ne manque pas de popularité. On sait donc qu'il a quarante-trois ans, qu'il a servi comme médecin de marine, comme chirurgien-major pendant la guerre, qu'il s'employa beaucoup pour les condamnés de la Commune, qu'il est agrégé de médecine pour les sciences naturelles, qu'il a écrit de remarquables ouvrages scientifiques et qu'il est meilleur professeur que journaliste, témoin le *Mot d'ordre* et le *Réveil*.

ERNEST LEFÈVRE

1er Tour : 188 475 voix.
Ballottage : 288 146 voix.

M. Ernest Lefèvre porte des cols droits. On peut dire que cette droiture est la caractéristique de sa tenue, de son talent, de sa parole, de son personnage.

Il parle étonnamment bien. Ses phrases sont coupées net comme des morceaux de sucre à la mécanique. Il semble qu'on voie son discours se composer comme un échafaudage dont les pièces sont si minutieusement assorties au préalable qu'elles se joignent d'elles-mêmes. C'est clair, correct, solide, brillant même, parfois, irréfutable et sec. Si l'on avait le malheur d'approcher une allumette enflammée d'une pareille construction, le tout flamberait comme un chantier.

A ce grand talent de parole, M. Ernest Lefèvre ajoute celui de ne parler que quand il le faut. Réservé, mais toujours prêt. Il parlera si ses amis le jugent nécessaire, mais s'il est inscrit pour parler, et que l'intérêt de son groupe soit d'ajourner ce discours, il remet sans aucune mauvaise humeur ses notes dans son portefeuille de maroquin.

Un homme qui montre de pareilles qualités doit avoir été un enfant exemplaire.

Et, en effet, M. Ernest Lefèvre a fait l'ornement et la gloire du lycée du Havre, sa ville natale (1833). Parlez donc des influences occultes : voilà un enfant qui naît le 15 août, et il ne deviendra pas bonapartiste le 15 août, et il se montrera très fermement libre-penseur.

Bon avocat jusqu'en 1870. Après le 4 septembre, membre de la commission d'armement du septième arrondissement de Paris. Élu, sans candidature, membre de la Commune pour le septième. Démissionnaire le 6 avril.

Au 24 mai, poursuivi devant le conseil de guerre.

Malgré son énergique défense présentée par lui-même, *acquitté*.

Administrateur du *Rappel*. Ses administrés déclarent qu'ils ne connaissent pas d'homme plus courtois et plus complaisant que M. Ernest Lefèvre.

Administrant, mais rédigeant, aussi. Traitant avec sagacité les questions constitutionnelles, juridiques et budgétaires.

En novembre 1874, nommé membre du Conseil municipal pour le quartier des Epinettes. Gagnant des voix à chaque scrutin.

Au Conseil, très laborieux, très occupé et très écouté. Fait voter 30000 francs en faveur des familles des condamnés politiques.

Une de ses dernières propositions au Conseil tend à ce que les droits qui grèvent les vins — en attendant l'abolition des octrois — soient au moins perçus d'après la valeur.

Voici maintenant une note bonne à retenir : « M. Lefèvre a exercé les fonctions de président du Conseil général de la Seine pendant quinze mois, et notamment pendant toute la période du 16 Mai. Si la criminelle tentative de l'Ordre Moral avait abouti à un coup de force, c'est le Conseil général qui, en vertu de la loi Treveneuc, aurait eu l'obligation et la responsabilité de la résistance. Ce n'était point là une vaine supposition. Les dispositions du Conseil général étaient prises, et lorsque, le 8 décembre, M. Ernest Lefèvre, accompagné du vice-président, alla, au nom du Conseil, se mettre à la disposition de M. Jules Grévy, alors président de la Chambre et du comité des dix-huit, personne ne pouvait savoir jusqu'où irait la gravité des événements du lendemain. »

Comme conseiller, M. Ernest Lefèvre prit encore une part très active à la formation du Comité d'aide aux amnistiés et au vote des 100000 francs que leur attribua le Conseil municipal.

Il faillit, en août 1881, être nommé au Havre,

contre le candidat opportuniste. Il s'en fallut de peu de voix.

Le 4 décembre, candidat à Paris, en remplacement de M. Camille Pelletan, dans la première circonscription du dixième arrondissement, il obtint 3985 voix contre MM. Dujarrier et Murat.

A la Chambre, nous l'avons entendu défendre avec le talent que j'ai dit la proposition de résolution ayant pour objet la nomination d'une commission d'enquête parlementaire sur les événements de Montceau-les-Mines et de Lyon, l'amnistie pour les condamnés de ces deux affaires, plusieurs amendements sur la loi concernant l'organisation municipale de Paris.

M. Lefèvre est un homme éminent, désigné au cours de la prochaine législature pour un portefeuille ou une vice-présidence effective.

ÉDOUARD LOCKROY

Élu le 4 octobre par 272 650.

M. Édouard Lockroy unit en soi des contraires qu'on supposerait incompatibles : d'aspect jeune malgré ses cheveux tout blancs, de proportions élégantes malgré une extrême maigreur, très finement prudent malgré une permanente nervosité, il offre aux regards un personnage très caractéristique vers lequel se portent d'instinctives sympathies.

En mai 1873, André Gill publia dans l'*Éclipse* un portrait d'Édouard Lockroy. Alors conseiller municipal de Paris et détenu à Pélagie pour un article du *Peuple souverain*, qui lui valut deux mois de prison et 500 francs d'amende, Lockroy épiait à travers les barreaux de sa cellule l'arrivée de la colombe qui lui apporterait la nouvelle du vote de Marseille et la liberté. Édouard Lockroy avait alors trente-trois ans, et il n'avait pas perdu son temps.

Il avait voyagé avec Alexandre Dumas, étudié avec M. E. Renan les sites de la Phénicie et de la Judée, combattu avec Garibaldi, prenant part en Sicile à la célèbre expédition des Mille qu'il a, depuis, dramatiquement racontée.

Friand de la guerre de partisan, E. Lockroy, qui l'a faite avec le fusil en Italie, la continue en France avec la plume. Le *Figaro* et le *Diable-à-Quatre* lui entretiennent la main en attendant qu'il commence au *Rappel*, qu'il n'a pas quitté depuis, sa fameuse *Petite Guerre*.

Mais bientôt c'est la grande guerre formidable contre l'étranger qu'il faut soutenir. Chef du bataillon de l'octroi, le rédacteur du *Rappel* écrit d'émouvantes lettres des avant-postes. Au 8 février, élu dans les dix premiers de la liste parisienne, il se trouve, du soir au lendemain, dépouillé de 17 000 voix par la commission de recensement, mais reste encore nommé quinzième avec 134 513 voix. Après d'infructueux et dévoués efforts pour amener la conciliation entre Paris et Versailles, le 23 mars, E. Lockroy donne sa démission. L'autorité militaire en profite pour l'arrêter et, malgré tout droit et toutes protestations, l'incarcérer jusqu'au mois de juin.

Quand, en 1873, Lockroy reprend son siège à l'Assemblée de Versailles, il n'a rien perdu de son entrain, de sa verdeur et de sa causticité qui lui valent plus d'un succès à la tribune et au *Rappel*. Il vote les lois constitutionnelles et explique son vote aux électeurs.

Réélu en 1876, E. Lockroy, dès la session de mai, dans la même séance que son ami Clémenceau, défend la proposition d'amnistie plénière. Tel on l'a vu alors, tel il reparaîtra au cours des trois législatures suivantes. C'est un des plus déterminés pratiquants de l'éloquence ambulante. Oui, la tribune sied à l'orateur, mais elle convient autant au promeneur. Aussi, le député d'Aix, qui a du vif-argent dans les veines, la parcourt-il d'un bout à l'autre, terminant volontiers ses phrases par un demi-tour à gauche qui a l'air d'un faux départ. « En face ! en face ! » crient les centres. Alors E. Lockroy réplique par une raillerie courtoise à l'interrupteur dont il peut saisir le nom, puis il reprend son discours et son allée et venue.

Sous sa parole émue, très vibrante, perce son subtil et consommé talent d'écrivain. Que de fois, en entendant des improvisateurs plus ou moins heureux, avons-nous reconnu cette vérité que posséder l'art de la phrase écrite constitue une nécessité pour surprendre l'art de la phrase oratoire bien conduite. Ayant le don du mouvement, E. Lockroy a su acquérir le souffle, le développement et l'ampleur de la période. Il a prononcé sur la loi des princes, sur la politique coloniale, des discours contenant des passages absolument parfaits. Et comment aurait-il pu faillir aux promesses de ses débuts, celui qui a connu l'inappréciable fortune de cultiver M. Renan, Dumas et Victor Hugo?

On sait que, récemment, M. Édouard Lockroy passait pour être désigné au sous-secrétariat des Beaux-Arts. Nous aimons mieux le voir s'abstenir et le garder à la présidence de notre Association professionnelle de journalistes républicains.

Toujours élu à Paris et à Aix, M. Lockroy, en 1881, a opté pour la deuxième circonscription du onzième arrondissement, qui lui donnait 8501 voix. Cette fois, M. Lockroy, premier élu, n'a pas perdu 17 000 voix, mais il n'a pas gagné dans la faveur de ses amis en qui il n'a pas eu confiance.

HENRY MARET

1er Tour : 194 562 voix.

Ballottage : 286 763 voix.

Vivre au milieu d'une société où les citoyens s'aborderaient par ce salut cordial et sincère : « La paix soit avec vous », cultiver le beau, ignorer l'injustice, contempler l'humanité se développant avec une calme ampleur dans l'harmonie de l'univers, méditer en philosophe et rêver en poète, habiter enfin une Thélème où toute loi consisterait en l'observation quotidienne du principe FAIS CE QUE VOUDRAS, telle apparaît la conception primitive de l'existence aux yeux du sage Henry Maret.

La liberté d'abord. En elle réside l'essentiel et souverain bien. Mais la liberté n'est pas seulement l'état nécessaire, elle est aussi l'instrument. C'est d'elle qu'il faut tout attendre dans notre monde moderne, si peu conforme, hélas ! à celui duquel le penseur conçoit, souhaite et prépare l'établissement.

L'amour de la liberté transforme un artiste en polémiste virulent, en interrupteur hardi.

Le mardi 13 décembre 1881, Gambetta, président du conseil, fournissait un typique exemple d'autoritarisme anti-parlementaire en faisant revenir à son banc, malgré lui, le ministre de la guerre qui, interpellé par M. Clovis Hugues sur la nomination et le maintien des généraux de Miribel et de Gallifet, allait répondre pour la seconde fois.

— Parlez, parlez! criait-on au ministre.

— César ne veut pas, dit M. Henry Maret.

— Parlez donc français, grogne, de son banc, Gambetta furieux.

— Préférez-vous Vitellius?

— Monsieur le président, hurle le président du conseil, je demande qu'on rappelle à l'ordre celui qui a dit ça.

Monsieur Brisson ne voulut pas avoir entendu Vitellius, et Henry Maret ne fut pas rappelé à l'ordre. Mais Vitellius portait et resta.

L'interruption venait d'un « libertaire » indigné, mais autant, on le sent bien, d'un lettré. La fin de l'Empire avait groupé une élite d'hommes jeunes qui ne séparaient pas le culte de la liberté de celui des lettres. Les hommes qui sont devenus Henry Maret, Rochefort, Lockroy, Tony Révillon, Camille Pelletan, ne doivent-ils pas aux lettres françaises la première fleur de leur renommée?

Le peuple apprécie l'effort qu'ils ont dû faire

sur eux-mêmes pour préférer, aux joies de l'art pur, le service de la démocratie, mais ne profite-t-il pas encore du talent qu'ils avaient acquis avant de se vouer entièrement à la politique!

Le Tour du monde parisien, et *Paris à vol d'omnibus*, exquises fantaisies d'un observateur spirituel, gai, avaient plu aux liseurs de 1867; le *Rappel* fondé, ils retrouvèrent leur chroniqueur signant du nom d'Henry Maret des *Coups d'aile* d'envergure. Le talent grandit quand les événements se dramatisent; l'année terrible impose de beaux sujets au jeune écrivain nourri de romantisme, enrichi de la lecture des primitifs et châtié par les classiques du dix-huitième siècle.

Pendant la Commune, Henry Maret rédige avec Henri Rochefort le *Mot d'Ordre*, où éclatent comme des obus des articles enflammés; un mois après la semaine sanglante, Maret est arrêté, traîné à Satory, à l'Orangerie, dans les cloaques immondes. Inculpé de provocation à l'insurrection, de publication d'un journal supprimé, d'insulte au gouvernement, il comparaît le 21 septembre, anniversaire de la proclamation de la République, devant le conseil de guerre qui le condamne à cinq ans de prison. Il sort le 21 janvier, anniversaire de la mort de Louis XVI. Sa signature est proscrite. Alors nous avons connu Henry Tram, Yorick, Scaramouche, A + B. Entre temps, deux mois de prison subis à Pélagie pour un article de la *Lanterne :* « Question sociale ». Maret est alors élu et réélu conseiller municipal du quartier des Epinettes. Il fait au *Mot d'Ordre* sa belle campagne contre l'article 7, dirigée par le plus sagace et rationnel esprit de liberté.

Mais le *Radical* se fonde. Au 4 septembre 1881, les électeurs de la deuxième circonscription du dix-septième, malgré les menées opportunistes, donnent à Maret 4608 voix. A la Chambre, l'influence du journaliste prépare le 26 janvier; le député fait partie de la commission du budget, ruine le prestige de l'inamovible Cochery, réclame l'amnistie pour les condamnés politiques; au Congrès de 1884 il lit la déclaration de l'extrême gauche.

On n'attend pas sans doute que je vante ici le succès du *Radical* et celui de notre rédacteur en chef. Les noms comme celui de Henry Maret conviennent aux manifestations du suffrage universel entendu en masse, et le scrutin de liste est le pavois à la taille de pareils serviteurs de la démocratie

HENRI MATHÉ

1er Tour : 157 105 voix.

Ballottage : 286 144 voix.

Actuellement président :

De la septième commission du Conseil municipal (domaine de la Ville, halles et marchés, préfecture de police) ;

De la commission spéciale des pupilles de la Ville de Paris;

De la commission spéciale chargée de traiter avec M. le ministre de la guerre de la démolition des fortifications de Paris.

Il a été, en 1879, président du Conseil général de la Seine.

En 1883, deux fois successivement président du Conseil municipal.

Et à la rentrée du nouveau Conseil, élu de nouveau.

Faut-il qu'il soit assez ambitieux, ce M. Mathé, pour avoir accumulé tant de présidences !

C'est tout le contraire. Les collègues de M. Mathé le citent comme un exemple de modestie, presque de timidité et de sincère désintéressement. Il a fallu lui faire violence pour qu'il acceptât de monter au fauteuil. Il fuit l'honneur de présider le Conseil municipal, mais le fauteuil s'attache à lui, l'étreint, ne le lâche plus.

Président affable, assidu, attentif, et débonnaire. On sait que le président du Conseil municipal n'a aucune arme effective, il ne possède point de règlement hérissé de sévérités et de pénalités. Les discussions du Conseil municipal en ont-elles été moins fructueuses et moins bien suivies. Dites, sénateurs? Dites députés? Ah! oui, les amateurs d'une certaine esthétique de discussion déclarent que M. Mathé a la main trop paresseuse, qu'il ne tire pas assez d'orages de la sonnette et que le couteau à papier ne claque point sous ses doigts d'impérieux avertissements; cependant ils renomment et renommeront toujours volontiers M. Mathé, qui, dans les circonstances importantes, avec son bon sens, sa droiture d'intentions, s'entourant d'avis judicieux et amicaux, a toujours su se montrer à la hauteur de sa tâche.

Cet honnête homme est né à Moulins, le 27 mai 1837.

En 1847, il vient à Paris, commence ses études, et, dès 1851, suit en exil son père, Félix Mathé, représentant du peuple condamné à la déportation en janvier 1852.

En 1856, Henri Mathé rentre en France et passe

trois ans à l'école supérieure de commerce, où il obtient son diplôme. Jusqu'en 1870, il reste employé.

Pendant le siège, il fait partie du 57e bataillon de la garde nationale.

Au mois de novembre 1871, avec quelques amis, il forme le Comité de secours aux familles des détenus politiques.

Pendant neuf ans, il exerce les fonctions de secrétaire-trésorier de cette utile réunion, et prendra part activement aux travaux du Comité central de secours aux amnistiés.

En 1874, les électeurs du quartier de la Roquette le désignent pour remplacer M. Lockroy.

Réélu en 1878, 1881 et 1884; à ce dernier scrutin avec une majorité significative de 7423 suffrages. — En 1881, aux élections législatives, obtient 4484 voix dans le onzième arrondissement, deuxième circonscription.

Au Conseil, où nous avons suivi sa trace, M. Mathé a toujours fait partie de la commission du budget, qu'il a deux fois vice-présidée. Il s'occupait surtout des questions relatives à l'alimentation publique, à l'octroi, à la Préfecture de police.

M. Mathé, malgré sa modestie, ou peut-être même à cause d'elle, peut devenir ce que Tony Révillon appelle spirituellement un homme « consulaire ». Figure pleine d'homme bien portant, grisonnant et bientôt blanc, taille moyenne, un aspect d'équilibre stable. Il parle avec une hésitation peu dissimulée, et certainement préfère lire à parler.

HENRI MICHELIN

1er Tour : 116 566 voix.

Ballottage : 283 195 voix.

Dire que M. le Président du Conseil municipal est servi par les événements ne suffit point. Vraiment, les occasions volent au-devant de lui comme, d'après Racine, les cœurs au-devant des pas de Néron enfant. On ne voit pas M. Michelin déterminer les incidents de son heureuse carrière; non, il les attend et ils le secondent. Pour un peu la composition de sa biographie décevrait le noticier comme l'histoire d'une femme vertueuse.

Ainsi, quand le public a appris que son nom était mêlé à on ne sait quelle manigance d'affaires dont la révélation aurait pu produire un éclat, M. Michelin n'a pas été effleuré du moindre soupçon malin et le *Chat noir* lui a décerné les palmes d'« Édile incorruptible ». Et quelle riche période pour une présidence que celle où il s'est trouvé Président !

Le Président du Conseil municipal a paru et parlé dans des solennités comme les obsèques de Victor Hugo, l'inauguration de la statue de Voltaire, la revue des bataillons scolaires; il a dirigé des discussions comme celles de l'emprunt et du changement du nom des rues de Paris; enfin les élections générales législatives viennent à point pour le transporter de son fauteuil sur un banc de la Chambre. Quel aisé développement des choses et comme M. Michelin a raison de s'en fier à sa fortune !

Des renseignements de source sûre nous apprennent que M. Henri Michelin naît à Paris, le 3 mai 1847.

Après les études élémentaires il étudie le droit et passe son doctorat avec une thèse sur la législation des chemins de fer.

Il se consacre à l'enseignement libre du droit. Sous l'Empire, il fait profession et acte de républicain en soutenant dans les réunions publiques la candidature d'Alton-Shée et en menant campagne contre le plébiscite.

En 1873, soutient la candidature Barodet. Dans le septième arrondissement prend une part très active et bientôt prépondérante aux travaux des comités radicaux socialistes qui ont fait les élections Hovelacque et Tony Révillon.

Entré à la mairie du septième comme adjoint après les élections municipales de 1881 sur la désignation des comités radicaux, il est, peu après, accueilli par un autre quartier. Quand

M. Cadet entre à la Chambre, le quartier de la Folie-Méricourt envoie M. Michelin le remplacer au Conseil municipal.

Le nouveau conseiller est nommé quatre fois secrétaire du bureau du Conseil, puis deux fois vice-président, puis président le 20 mai 1885.

Au Conseil M. Michelin a combattu et dans la commission du budget et en séance le budget de la Préfecture de Police. Il a rédigé de nombreux rapports soit au nom de la commission du budget, soit au nom de la commission de l'Assistance publique. On le nomme, cette année, membre du Conseil de surveillance de l'Assistance publique et président de la Commission du travail.

Il a proposé les vœux suivants : suppression des préfets et des sous-préfets, réorganisation départementale avec conseil général élevant le pouvoir exécutif du département, suppression de l'arrondissement, création de grandes communes autonomes. — Suppression des trésoriers payeurs généraux et des receveurs particuliers — élection des juges, suppression des tribunaux administratifs — suppression des privilèges des propriétaires sur les meubles des locataires — réorganisation du jury d'expropriation et revision de la législation des travaux publics.

Nous faisons ici une observation que l'on aura lieu de renouveler; mais elle s'applique particulièrement bien au présent cas. Si les séances du Conseil municipal de Paris étaient publiques comme elles doivent l'être, Paris, qui apprécie ses conseillers, les connaîtrait mieux.

M. Michelin, au cours de la période électorale, s'est, paraît-il, exprimé en termes libres à l'égard de l'Union de la Presse. Tant pis pour lui. Le Comité central, qu'il servait, l'a mal servi.

FRÉDÉRIC PASSY

1er Tour : 103 988 voix.

Ballottage : 287 172 voix.

En juin 1883, la discussion de la loi sur les syndicats professionnels continua de nous révéler M. Frédéric Passy. Vers cinq heures, on vit monter à la tribune un vieux monsieur grisonnant qui portait entre ses bras une bibliothèque complète. Il représentait exactement le type des savants de Cham. Longs cheveux gris, barbe chafouine, lunettes, une cravate de plusieurs aunes, des vêtements en forme de sac. Au sortir de cette séance, M. Henry Maret jugeait avec une admirable et juste bonne humeur le discours de M. F. Passy :

« Quiconque serait entré durant le discours de M. Passy ne se serait certainement pas cru dans un Parlement.

« Évidemment, se serait-il dit, on a transféré ici les conférences du boulevard des Capucines. On a eu raison ; la salle tient plus de monde. L'administration a dû faire une jolie recette.

Mais comment se fait-il qu'elle n'ait pas affiché, comme il convient :

5 heures et demie.

M. FRÉDÉRIC PASSY.

Sujet de la Conférence :
L'ancien régime.

« Les auditeurs étaient très sages et très intéressés. M. Passy a eu un grand succès. Il a appris à tous les députés, qui l'ignoraient probablement, qu'un écrivain d'un certain mérite, nommé la Bruyère, avait écrit sous Louis XIV une très belle page sur les paysans; il nous a cité, sans nous faire grâce d'une seule, toutes les famines et toutes les pestes qui ont émaillé le bon vieux temps; il a ajouté quantité d'anecdotes, entre autres celle de Louis XIV mangeant du pain d'avoine; il a raconté l'histoire des corporations; il nous a parlé de Bossuet, de Boisguilbert, de Vauban, et la Chambre a paru toute surprise en apprenant que ce dernier avait été maréchal et ingénieur.

Les députés ravis s'instruisaient à vue d'œil. « A la bonne heure, entendait-on de-çà, de-là, « voici un homme qui parle bien; on profite à « l'écouter. »

Et l'on écoutait silencieusement comme dans un cours.

De temps en temps, des murmures de satisfaction l'encourageaient, et des indignations contre les misères des siècles passés se faisaient jour, indiquant clairement que la majorité n'avait jamais entendu parler de ces choses, ne sachant pas encore lire couramment dans les livres.

Et de Vauban M. Passy passait à Fénelon, à Racine, à Colbert, à d'Argenson, et s'arrêtait avec amour sur M. Levasseur. De là à Macaulay et au père Gratry, il n'y avait qu'un pas. Quelle bonne journée, et comme nous nous sommes instruits ! »

Malheureusement M. Passy voulut tirer de son propre fonds. Il fit du grand style et il y réussit comme un charbonnier qui jonglerait avec des boules de neige. Il risqua des métaphores qui portèrent le comble à l'enthousiasme de la majorité et qui auraient rendu des jeunes agneaux fous de rage.

Une autre fois, il causa un gros scandale. Il dit innocemment : « On a beaucoup trop — été dans les réunions publiques. » Le malheur est qu'il fit la liaison d'où s'échappa une assonance crépitante de l'effet le plus inattendu et le plus rigolo.

M. Frédéric Passy a régalé de nombreuses conférences cette Chambre qui le prenait pour un grand orateur.

Conférence sur la proposition Truelle, relative au taux de l'intérêt de l'argent, — conférence sur les propositions relatives aux accidents dont les ouvriers sont victimes, — conférence (déjà citée) sur les syndicats professionnels où il déclare :

« Il faut que la science, que le travail, soient accessibles à tous, mais par la liberté seule. » — Conférence sur la proposition relative aux asiles d'enfants sauvés, — sur le budget de l'instruction publique, — sur les incompatibilités parlementaires, — sur le programme économique du gouvernement — sur le régime des sucres.

Il faut rendre justice à M. F. Passy. Il a en toute occasion de complications diplomatiques préconisé une solution pacifique soutenue par plusieurs de nos amis : celle de l'arbitrage.

Il a presque toujours voté contre les crédits tonkinois ; il s'est toujours montré nettement libre-échangiste.

On définit dans les manifestations parlementaires de M. Passy des aspirations généreuses enrayées par on ne sait quelle routine d'économiste bourgeois. Beaucoup de belles paroles et d'attendrissement sur les misères du peuple, mais on dit que dans le particulier l'économie l'emporte sur le socialisme.

Élevé depuis soixante ans sur les genoux de la duègne Économie Politique, M. F. Passy a donné de la satisfaction aux siens. Professeur libre, un des fondateurs de la *Ligue internationale et permanente de la paix*, membre de l'Académie des sciences morales, élu en 1881 par le huitième arrondissement par 4738 voix contre le bonapartiste Godelle.

G. PÉRIN

1er Tour : 184 549 voix.
Ballottage : 289 210 voix.

La question de la politique coloniale, presque quotidiennement amenée à l'ordre du jour pendant la dernière législature, a permis à M. Georges Perin, qui la connaît bien, de faire valoir sa compétence et sa sagacité. Ces discussions, où il a brillé, sans que son opinion parvînt à prévaloir, ont montré ce laborieux orateur imbu d'idées justes et constantes; ses avertissements, ses conseils, ses critiques, adressés en mainte occasion au gouvernement, n'ont pas varié. M. Georges Perin a prouvé qu'il possédait une conception générale de la politique dite coloniale, et qui, d'après lui, doit toujours rester — rien de plus raisonnable — une politique prudente et pratique d'extension et de paix. Les politiques attentifs n'ont pas manqué de comprendre que M. G. Perin, après avoir été longtemps un homme de combat, se trouvait prêt à faire acte de gouvernement, au cas où un cabinet véritablement radical serait porté au pouvoir.

Le monde parlementaire verrait sans surprise M. G. Périn à la place marquée qui lui convient le jour où il prendrait la direction du département ministériel des colonies, et la France se saurait garantie des aventures comme celles de Tunisie, de Madagascar et du Tonkin.

Si l'honorable député de Limoges tarde à entrer au ministère, il paraît certain que ses collègues le porteront à une des vice-présidences de la Chambre. Il a déjà failli l'obtenir, et il s'en est fallu de peu de voix qu'il ne montât au fauteuil. Depuis 1873, où il siégea à l'Assemblée nationale, M. G. Périn n'avait pas toujours paru si *ministrable* ou si désigné pour une haute fonction parlementaire.

Beaucoup de collègues considéraient avec un respect mêlé de quelque appréhension un petit groupe de députés radicaux résolument décidés à ne tolérer aucune attaque personnelle et à relever toute incartade de leurs adversaires. M. G. Périn, M. Clémenceau, M. Laisant figuraient parmi les plus vifs de ceux qu'on désignait comme des mousquetaires d'élite dans le monde parlementaire. Il y eut des duels; puis, la réputation établie et les ardeurs de part et d'autre apaisées, il résulta de ces incidents trop vifs une réelle et commune estime pour des hommes d'une loyauté à toute épreuve et d'une exemplaire courtoisie.

Ainsi, M. G. Périn avait fait un violent et significatif début à la Chambre de 1876.

Le 21 mars, M. Raspail père déposait sur la tribune de la Chambre la proposition initiale d'amnistie plénière : il lisait les noms des signataires de la proposition.

M. Paul de Cassagnac. — C'est le Panthéon pour les assassins. (Bruyante agitation.)

M. Georges Périn. — Nous n'avons pas entendu l'interruption de M. de Cassagnac, nous demandons qu'il la répète.

(Quelques membres s'approchent de M. Périn et lui répètent l'interruption.)

M. Georges Périn, de sa place. — Nous répondrons aux bonapartistes que, quand on appartient au parti qui a fait le Deux-Décembre, on a le devoir d'être indulgent pour les assassins. (Bravos et applaudissements à gauche.)

M. de Cassagnac se leva à demi pour répondre, mais il en fut empêché par les triples salves d'applaudissements des gauches gagnées jusqu'au centre.

Deux mois plus tard, M. G. Périn prononça un grand discours en faveur de l'amnistie, se plaçant au point de vue humanitaire et réclamant contre les immondes traitements qu'on faisait subir à des condamnés politiques.

Certes, à voir ce mâle orateur, haut, carré, plutôt anguleux, redressant sa forte tête de Gaulois barbu, on ne devinait pas un ancien avocat. Pourtant, M. Périn avait commencé par le barreau. Puis, il avait beaucoup voyagé, beaucoup étudié les choses de la marine et la situation des colonies.

On sait comment il a profité de ces travaux préparatoires. Si son aspect n'a rien gardé du barreau, sa parole s'est moins débarrassée des procédés en usage chez les meilleurs avocats. Je risquerai cette affirmation — où on définira une idée de contraste singulier — que la méthode de cet orateur viril a, dans ses retours, ses répétitions, sa volonté de faire comprendre et retenir l'argument, quelque chose de celle de M. Thiers.

M. G. Périn mérite une mention à part pour sa conduite pendant la guerre. D'abord préfet de la Haute-Vienne, il fut ensuite commissaire extraordinaire au camp de Toulouse.

STEPHEN PICHON

1er Tour : 119 398 voix.
Ballottage : 281 503 voix.

Quand s'ouvrira la prochaine session, j'entends l'huissier, appelant à la formation du bureau provisoire les plus jeunes membres de la Chambre, crier : « Monsieur Stéphen Pichon, né en 1857 ».

Alors, sous le feu des lorgnettes des galeries, on verra monter à l'estrade du bureau, avec l'allure alerte de son patron et ami M. Clémenceau, un élégant jeune homme blond, pâle, à la légère moustache, aux traits accentués et fins, que ne dépare pas un binocle à peine nécessaire.

Cet adolescent de vingt-huit ans a commencé de bonne heure à manifester. Il débute au lycée de Besançon par une algarade semblable à celle du jeune M. Cavaignac qui, depuis....

Le duc d'Aumale, nouvellement appelé par l'Ordre Moral au commandement du 7e corps, avait exprimé le désir de présider la distribution des prix du lycée de Besançon et il avait promis de couronner tous les lauréats. Élève de philosophie, et déjà bachelier, S. Pichon avait prévenu le censeur qu'il entendait se soustraire à cette consécration ducale, et qu'il saurait bien se couronner lui-même, comme Napoléon Ier.

A l'appel de son nom, il grimpe sur l'estrade, prend dans le panier à couronnes un laurier, et le tend au premier professeur venu qui, tout interloqué, ceint le front du jeune audacieux, tandis que Monseigneur surpris, et les mains en suspens, considère cet incident applaudi par nombre d'élèves qui approuvaient Pichon sans oser l'imiter.

A Paris, Pichon manifeste pour Michelet, manifeste contre M. Saint-René Taillandier, aux oreilles duquel il crie : « Vive Marat ! » ; manifeste contre le Seize Mai, contre Gambetta ; il goûte plusieurs fois du poste, a la chance d'échapper à la prison.

Bien. Estimé de la jeunesse républicaine et socialiste, Pichon substitue bientôt à cette popularité de quartier un prestige plus considérable d'orateur de réunion publique et de rédacteur politique à la *Commune affranchie*, au *Réveil*, au *Mot d'Ordre* à la *Révolution française*, où l'accueille Sigismond Lacroix.

Quand Lacroix reçoit de Belleville le mandat de député, Pichon, rédacteur à la *Justice*, se trouve adopté par le comité Lacroix, presque unanimement soutenu par la presse, et, après une lutte mouvementée, passe au second tour (août 1883).

Aux élections de mai 1884, Pichon, sans concurrent cette fois, réunit une belle majorité de 1684 voix.

Au cours de son premier mandat, il propose l'allocation d'une somme de 10 000 francs aux familles des mineurs d'Anzin, et l'érection d'un monument aux fédérés de 1871, inhumés au Père-Lachaise.

Au présent Conseil, c'est lui qui dépose et développe la plupart des interpellations sur la laïcisation des hôpitaux.

Il dépose, au nom de l'autonomie communale, l'ordre du jour de blâme contre le préfet et ses agents au sujet de la manifestion du Père-Lachaise.

Lacroix avait pris l'initiative d'un projet de nomination du personnel de l'enseignement au concours; Pichon le recueille et rédige le rapport; rapport sur le projet de réorganisation de la Caisse des pupilles; rapport sur le budget de 1886 de la préfecture de police, concluant — un conseiller averti en vaut plusieurs — au rejet de ce budget; secrétaire de la commission de l'enseignement. Pichon, comme on s'en aperçoit, embrasse beaucoup à la fois et ne manque pas d'étreinte.

Il revendique l'honneur d'avoir été un des fondateurs de l'*Alliance socialiste*.

Aimant la politique comme ses amis MM. Clémenceau et Pelletan, sincèrement épris de liberté, notre ami Stéphen Pichon, qui sait écrire et qui sait parler, ne manquera pas, en restant fidèle à ses débuts, d'offrir un salutaire exemple aux jeunes politiques.

BENJAMIN RASPAIL

1ᵉʳ Tour : 197 750 voix.
Ballottage : 286 933 voix.

« Merci à mes quatre-vingt-deux ans de l'honneur qu'ils me valent de présider un instant cette grande Assemblée de la République française. » Le vénérable F.-V. Raspail ouvrit en ces termes la législature de 1876. A cet âge, il sortait de prison. La magistrature française avait condamné cet octogénaire à un an de prison pour certains passages de son *Almanach de la Santé*, et l'administration française l'avait enfermé à la maison de détention de Bellevue. Le vieux démocrate, appelé par son âge à présider la séance d'ouverture, racontait qu'il avait vu, non sans appréhension, s'approcher de lui l'escorte d'honneur. C'était la première fois qu'il marchait entre des baïonnettes sans que ce fût sur le chemin d'un tribunal ou d'une prison.

Quelques jours après, F. V. Raspail déposait sur le bureau de la Chambre le projet initial d'amnistie plénière. J'ai rappelé dans la biographie de M. Périn quels incidents agitèrent cette séance, où se démena M. Benjamin Raspail, qui défendait son père contre les interruptions.

M. Benjamin Raspail a aujourd'hui soixante-deux ans. On peut lui appliquer le titre consacré de « vétéran de nos assemblées parlementaires ». En 1849, il siégeait à la Législative.

Expulsé de France au coup d'État, ayant passé douze ans en exil avec son père, il revenait en 1864 se fixer à la belle résidence d'Arcueil-Cachan. Pendant la guerre, il s'occupe d'organiser la défense de cette commune. En 1874, il devient conseiller général de la Seine. Sa profession de foi de 1876 dit, mieux que tout autre témoignage, son histoire : « Mes aspirations républicaines, tous, vous les connaissez; ce sont celles dont mon père n'a pas cessé de poursuivre depuis soixante années la réalisation, malgré les persécutions, la prison et l'exil. En 1851, frappé moi-même comme représentant du peuple par les criminels du Deux Décembre, qui, dix-neuf ans plus tard, devaient précipiter la France dans des désastres inouïs, j'ai subi douze années d'exil, et, pendant ces douze années, j'ai été à même de voir chez les peuples voisins fonctionner au profit des gouvernés et des gouvernants des libertés que nous sommes encore à revendiquer en France : liberté de conscience, liberté de la presse, liberté de réunion, liberté d'association, libertés municipales, c'est-à-dire affranchissement des communes de la tutelle administrative en ce qui concerne la direction des intérêts locaux ».

Élu en 1876 par 7974 voix contre 4226 données à M. Hunebelle, réélu en 1877 par 10 818 voix et en août 1881 par 12 744 voix, M. Benjamin Raspail s'est montré, malgré tout, un des députés les plus assidus, les plus minutieux.

C'est une tradition de famille parmi ceux qui portent son nom de guerroyer contre les Jésuites ; M. Raspail n'y faillit pas. Il a toujours réclamé des mesures énergiques et formulé des propositions tendant à la suppression de l'ambassade du Vatican et à la séparation de l'Église et de l'État.

A la dernière Législative, il veillait particulièrement à faire aboutir la loi sur le cumul et la loi sur les incompatibilités parlementaires. Il a prononcé des discours très étudiés, très laborieusement composés, très alignés, pour ainsi dire. Il ne recule pas devant certaines violences d'interruption, quand on discute les sujets qui le passionnent particulièrement. On sait que le scrutin de liste a divisé les meilleurs républicains ; M. Benjamin Raspail ne l'avait pas voté en 1881.

En 1881, il a accepté un des programmes les plus complets que nous connaissions, et qu'on pourrait présenter comme le cahier-type des justes revendications de la démocratie moderne.

Très dévoué aux intérêts de la banlieue, et les défendant avec une attention toujours en éveil, malgré son éloignement pour le scrutin de liste, M. Benjamin Raspail, grâce à son nom, au souvenir de son père, à son propre passé, peut être accueilli par la conciliante et juste démocratie parisienne.

TONY RÉVILLON

1er Tour : 189 346 voix.
Ballottage : 285 442 voix.

Le 4 septembre 1881, vers neuf heures du soir, au Neubourg, une salle de banquet de 700 couverts finissait de regarder dîner Gambetta. Venu en Normandie pour l'inauguration de la statue de Dupont de l'Eure, il avait, dans l'après-midi, miraculeusement échappé à l'écroulement d'une estrade qui faillit engloutir, lui et son état-major. Deux mille paires d'yeux fixés sur lui suivaient son tête-à-tête avec un triangle de fromage de Pont-l'Évêque. Il ruminait les premières phrases du grand discours qu'il allait prononcer pour son avènement, dès lors décidé, au pouvoir de fait.

On apporta à celui que nous appelions « le dictateur » une dépêche. Il la lut, et fit comme une légère grimace à son ami M. Spuller. Alors, nous ne doutâmes pas que Tony Révillon ne fût élu contre l'opportuniste Sick, et surtout contre Gambetta lui-même, en son ancien fief électoral de Ménilmontant, dès lors perdu.

En effet, Révillon réunissait une grosse majorité et il la méritait bien; 5297 voix contre 3511.

L'élection avait passé par d'étranges épisodes. Le dépouillement du scrutin du 21 août semblait d'abord promettre l'élection de Révillon. Puis on déclara à la préfecture de la Seine qu'il y avait lieu à ballottage, tandis que, à la mairie du vingtième, le maire Gérard proclamait résolument Gambetta élu.

A vrai dire, il se trouvait en ballottage, et écrivait quelques jours après que, « sachant ce qu'il voulait savoir », il renonçait à poursuivre la campagne.

Ses serviteurs la poursuivirent pour lui. On usa contre Révillon d'expédients immondes. Je le vois, l'avant-veille de l'élection, arrivant à son journal, pourpre de colère, la cravate défaite, justement outré de l'infamie de ses adversaires. Attaqué personnellement, il s'en prit personnellement à son perfide premier adversaire, qui se déroba.

Les électeurs vengèrent Révillon, mais tout ne se borna pas là. Les acharnés exécuteurs des basses-œuvres du Palais-Bourbon prétendirent faire invalider l'élection en produisant on ne sait quelle chicane d'établissement domiciliaire. Alors Tony Révillon put prendre la parole. Il parla avec une hautaine dignité, mais, encore une fois, son adversaire ne parut point.

Le nouveau député arrivait à la Chambre avec une grande réputation d'orateur. Il l'a soutenue — trop modestement à notre gré — par ses discours sur les récidivistes, sur les réfugiés en France, sur l'amnistie en faveur des condamnés politiques, sur la manifestation du Père-Lachaise. Nous aurions aimé entendre plus souvent sa forte voix de tribun, goûter cette éloquence si ample et si correcte, admirer cette prestance d'orateur qui aurait pu se rendre maître de la Chambre comme il l'est des assemblées populaires.

Né dans l'Ain, formé dès l'adolescence à l'étude du droit pratique, Tony Révillon, sous l'Empire, fondateur de la *Petite Presse*, premier grand lanceur du journal à un sou, balança avec avantage la popularité de Timothée Trimm. Il écrivait des chroniques d'une admirable émotion, il composait des romans qui restent comme des chefs-d'œuvre de dramatique élevé et sain; pendant tout le siège, il prodigua sa généreuse éloquence, puis il se remit au journalisme et au roman.

Le peuple aussi bien que les gourmets de lettres aimaient sa prose pleine d'envergure, de nuances, d'élans; sous la phrase de l'écrivain perce toujours la période de l'orateur. C'étaient des discours qu'il aurait fallu prononcer à l'Assemblée nationale, ses beaux articles de la *Constitution* et de l'*Avenir national*.

Il conquérait autrement encore des cœurs par des romans dont le succès ne s'épuisera pas : *Le Faubourg Antoine — Riches et Pauvres — La Séparée*, cette poignante idylle !

Les riches qualités personnelles qui ont attaché à Tony Révillon une innombrable clientèle de dévoués amis ont aussi fait de lui un des représentants les plus aimés du monde parlementaire. Il sait parfaitement qu'un excès de *bon garçonisme* peut nuire à l'autorité qu'un homme comme lui devrait exercer sur ses collègues, mais il trouve si agréable de pouvoir rendre service à tous, de passer sa vie et son temps à obliger le monde, que l'unanimité des voix (même des féminines) semble devoir se rallier sur son nom.

HENRI ROCHEFORT

1er Tour : 131 535 voix.
Ballottage : 249 134 voix.

Vous verrez dans une seule vie toutes les extrémités des choses humaines : la félicité sans bornes aussi bien que les misères... des retours soudains, des changements inouïs... l'Océan étonné de se voir traversé tant de fois en des appareils si divers. — Bossuet.

Qui dit pamphlet, dit opposition. On n'a pas encore su faire, en France, de pamphlets au profit du pouvoir. Le pamphlet n'a donc que deux faces. Il est radical ou monarchique.

... Le pamphlet doit devenir populaire. C'est la raison, la critique faisant feu comme un mousquet et tuant ou blessant un abus. Le pamphlétaire est rare, il doit d'ailleurs être porté par les circonstances; mais il est alors plus puissant que le journal. Le pamphlet veut de la science réelle mise sous une forme plaisante; il veut une plume impeccable, car il doit être sans faute; sa phraséologie doit être courte, incisive, chaude et imagée, quatre facultés qui ne relèvent que du génie.

... Le pamphlet est le sarcasme à l'état de boulet de canon. — H. DE BALZAC (*Monographie de la Presse*).

A l'ouverture de la session, le chef de l'État a cru devoir ricaner. J'ai été insulté par lui; or, c'est insulter le suffrage universel de ricaner quand on appelle l'élu de la première circonscription de Paris. Si ridicule que je puisse être, je ne me suis jamais promené sur une plage, avec un aigle sur l'épaule et un morceau de lard dans mon chapeau. — HENRI ROCHEFORT. (*Séance du Corps législatif du* 9 *décembre* 1869.)

Voilà dix-huit ans que la France est entre les mains ensanglantées de ces coupe-jarrets qui, non contents de mitrailler les républicains dans les rues, les attirent dans des pièges immondes pour les égorger à domicile.

Peuple français, est-ce que tu ne trouves pas que décidément en voilà assez? — HENRI ROCHEFORT. (*Marseillaise* du 12 janvier 1870.)

Il y avait, hier, au convoi de Victor Noir, deux opinions distinctes : les uns voulaient traverser Paris avec le cercueil; les autres tenaient à conserver à la manifestation son caractère pacifique.

J'étais le seul député présent. La foule a cru devoir me consulter. Quand la foule est bien résolue à marcher, elle ne consulte personne....

Prêt à me mêler au mouvement, s'il s'était spontanément produit, je n'ai pas cru devoir l'appuyer quand le peuple m'en a donné, dans une certaine mesure, la responsabilité. — HENRI ROCHEFORT. (*Marseillaise* du 15 janvier 1870.)

Qu'il y a de bonté, de naïveté, de folie, d'intrépidité, et quels trésors de tendresse dans cette tête inquiète de Don Quichotte, modelée à la diable, fine, maigre, osseuse, un peu grêlée, au vaste front haut et bombé, à la légère barbe noire enfantine, aux moustaches minces, à la haute chevelure noire, crêpée, touffue et furibonde, au nez arrondi, mollement régulier, à la bouche incisive, nette et songeuse, aux yeux flamboyants et obscurs cachés dans des cavernes noires. Tel Shakespeare avait vu son Mercutio, si follement spirituel, si insoucieux, et qui cependant appartenait, marqué d'avance, à la Fatalité tragique. Et c'est sans doute à propos de ces destinées-là que, pendant les longues nuits, au bord de la mer, on entend le vent aigu et les flots tumultueux que sillonne un invisible fouet, rire de leur rire épouvantable. — THÉODORE DE BANVILLE. (*Lanterne magique.*)

... A Londres, nous embrassions enfin nos enfants que nous retrouvâmes grandis et qui nous retrouvèrent grisonnants et changés par trois années des plus cruelles vicissitudes. Car, pour ceux qui prospèrent, le temps c'est de l'argent dans les coffres, et le temps, pour ceux qui souffrent, c'est de l'argent... sur les cheveux. — HENRI ROCHEFORT. (*De Nouméa en Europe*, 1876.)

La France, en dehors des républicains, croyait ne posséder que trois partis : les légitimistes, les orléanistes et les bonapartistes. Elle se trompait. Les réunions publiques viennent d'en démasquer un quatrième : le parti des *opportunistes.*

. . . .

Voyons, messieurs et chers opportunistes, pas de façons : avouez que vous n'avez jamais eu d'autre pensée. Les électeurs sont donc avertis : « En temps opportun » est un terme d'argot parlementaire qui signifie : Jamais! — X... (Premier numéro des *Droits de l'Homme*, 11 février 1786).

Un mauvais plaisant, sans respect pour mes cheveux qui blanchissent de plus en plus, vient de me faire la farce de m'envoyer une lettre mystificatrice.

Quoi! j'aurais combattu depuis tant d'années, souffert dix ans la prison, la déportation, l'exil, pour être sur une liste d'admissibilité, comme si je me préparais à l'École polytechnique où mon âge, hélas! ne me permet plus de me présenter. — HENRI ROCHEFORT. (*Intransigeant* du 19 septembre 1885.)

ROQUES DE FILHOL

1er Tour : 132 912 voix.

Ballottage : 281 515 voix.

«.... C'était un cortège clairsemé, éparpillé, des hommes, des femmes passant au milieu d'une foule amie, il est vrai, mais où, pour la plupart, il n'y avait pas une figure connue, où tous les cœurs leur souhaitaient la bienvenue sans qu'une main se tendît vers eux; ils passaient dans leur misérable accoutrement exotique, par familles, surchargés de paquets, isolés au milieu de tous ces regards fixés sur eux, éreintés, étonnés, comme accablés de la vague stupeur du retour, beaucoup chancelant et tout près de butter aux obstacles et aux murs.... C'est donc comme cela que la déportation rend ceux qu'elle a pris! C'est donc cela le retour dans la Patrie!

« Je ne crois pas que personne ait pu contempler ce spectacle d'un œil sec. Des larmes brillaient dans les yeux des assistants, dans ceux des déportés. On les entourait, on les aidait, on les interrogeait. Les membres du comité les prenaient, les pilotaient. Le premier débarqué sortit au bras de Louis Blanc.

« Un groupe se forme, je m'approche. Trois dames avec un monsieur entouraient un des déportés, loyale et intelligente figure à barbe et à cheveux gris : et c'étaient les explosions de sanglots, les longs embrassements de la première minute — et ce que je vous affirme, ceci est à la lettre, qu'aucun des spectateurs qui entouraient ce groupe — journalistes, curieux, employés de chemins de fer, n'a pu le voir sans pleurer.

« Le déporté disait doucement : « Moi... je vais bien... nous n'avons pas souffert... » pour rassurer les tendresses inquiètes : c'était M. Roques, le maire de Puteaux.

« Vraiment, il fallait être là, avoir sous les yeux cette explosion de sanglots, se dire que cet homme de bien avait été au bagne, et pourquoi? qu'il avait subi l'ignoble accouplement avec les assassins, pour le soupçon d'avoir renseigné des fédérés, ou je ne sais plus pour quelle autre aberration d'aussi peu de fond, que ces femmes qui embrassent l'amnistié ont attendu le maire de Puteaux sachant qu'il traînait l'immonde boulet.... »

Oui, ces lignes émouvantes, écrites au sortir d'un spectacle inoubliable, par un éminent styliste, par M. Camille Pelletan, n'ont rien perdu de leur vérité.

Nous avons vu revenir ainsi M. Roques de Filhol, ramené du bagne par le convoi de *La Picardie*. Il arrivait à Paris le 9 septembre 1879.

Son histoire était simple.

Habitant Puteaux depuis 1865, anti-plébiscitaire déterminé sous l'Empire, conseiller municipal du 6 août 1870, maire pendant la guerre, il conquérait l'affection de ses administrés par sa prévoyance et sa sollicitude.

Pendant les combats de la guerre civile, au commencement d'avril, le maire de Puteaux avait gardé la neutralité, s'occupant de sauver des blessés de l'un ou l'autre camp. Il fut arrêté le 30 avril, sur la demande du général Montaudon. D'abord jeté dans les caves de la Prévôté, puis écroué à la maison d'arrêt de Saint-Pierre, au secret, il ne sait pas que ses concitoyens le renomment et le réclament.

Le 18 août 1871, il est condamné aux travaux forcés à perpétuité par le 4e conseil de guerre, — le colonel d'infanterie Boisdemnetz président, — sous prétexte d'embauchage.

L'opinion publique se prononçait fortement en faveur de ce malheureux pour lequel plaidait une réelle innocence et qui devait revenir du bagne avec le prestige de la persécution.

Amnistié par un décret du 11 mars 1879, après avoir subi toutes les tortures de la promiscuité avec des criminels, celui que les escarpes appelaient là-bas par dérision « Monsieur le Maire », reçoit la nouvelle de sa libération à l'hôpital de l'île Nou. En même temps, en France, ses fidèles amis, sans attendre son retour, le renommaient conseiller municipal. Le 27 février 1880, la troisième circonscription de Saint-Denis l'envoyait à la Chambre. Un forçat au Palais-Bourbon ! M. de Cassagnac en fut scandalisé et le témoigna publiquement.

Réélu en 1881.

M. Roques de Filhol a signé et voté la plupart des propositions de l'extrême gauche. Il s'est dévoué à faire aboutir la loi sur les incompatibilités parlementaires. Nombre de fois, il a demandé qu'on la discutât, qu'on la plaçât à l'ordre du jour. M. Roque a maintenant soixante ans. Il a commis, à la Chambre, une grosse inconvenance aux yeux des opportunistes de l'intimité : il a osé s'asseoir à la place où siégeait Gambetta.

DR VILLENEUVE

1er Tour : 119 398 voix.
Ballottage : 284 656 voix.

Instruire le procès — procès de tendance, ajouterai-je pour diminuer la grosseur du mot — de M. le Dr Villeneuve, hier député de Saint-Denis (2e circonscription) et maintenant député de la Seine, c'est faire aussi celui de ses amis.

L'empire eut-il de plus ardents et de plus actifs adversaires que cette poignée de révolutionnaires imbue de doctrines blanquistes et meneuse de toutes les manifestations semblables à celles de l'Hôtel de ville, du cimetière Montmartre, etc., tous mouvements dont la police impériale finit par confondre les auteurs dans une même rafle et qui aboutissent en quelque sorte au procès de Blois où figurait M. le Dr Villeneuve?

Plus ou moins emprisonné comme ses amis, M. Villeneuve, au moment du 4 septembre, se trouve tout désigné au suffrage de ses concitoyens. Il devient pendant le siège adjoint à la mairie des Batignolles avec M. B. Malon.

Pendant le second siège de Paris, M. Villeneuve, vice-président de la *Ligue des droits de Paris*, soutient les idées communalistes avec une persévérante fermeté qui cependant ne l'expose à aucune condamnation de la réaction versaillaise.

En 1871, Neuilly l'envoie au Conseil général; et Clichy l'a pour maire.

De 1871 à 1881, si l'on n'a pas tout à fait oublié le nom de M. Villeneuve, on n'a pas non plus très présents à l'esprit son personnage et son rôle.

Le scrutin d'arrondissement qui, paraît-il, avait les yeux sur lui, le choisit pour remplacer M. Bamberger, qui était affreux sous tous les rapports.

Nous voyons M. Villeneuve battre hautement, avec une belle majorité de 7451 voix, ses concurrents, MM. Daix, Delepouve, Bamberger, (1592 voix) et Vacca.

L'entrée de M. Villeneuve à la Chambre ne dissipe pas l'obscurité qu'il semble vouloir accumuler autour de soi. Nous avons vu assidu aux séances, assis sur un banc d'extrême-gauche, un homme silencieux, morose, grisonnant, à grosses lunettes, d'aspect renfrogné et triste. Est-ce l'âge, est-ce un sourd remords d'avoir suivi une mauvaise orientation? L'âge? Quel âge peut avoir ce représentant qui en est resté aux événements de 1830, et qui, en 1884, quand on discute le budget de l'intérieur, réclame au chap. XLIX une augmentation de crédit en faveur des combattants de Juillet. Neuilly serait-il peuplé de vétérans des Trois Glorieuses? Nous croyons pourtant que M. Villeneuve touchait à peine à la cinquantaine, né en 1839.

Autre manifestation parlementaire : au cours de la discussion des Conventions, il dépose un amendement tendant à établir une ligne d'Auteuil à Boulogne-sur-Seine.

En 1882, nous l'avions aperçu tentant de faire un plus considérable effort. Il adressait au ministère des affaires étrangères une question sur la politique du gouvernement en Égypte. Oh! pas bien indiscrète, la question. Elle permit à M. de Freycinet de répondre comme il sait répondre, en ne répondant guère, et le questionneur se déclara satisfait de la réponse.

Mais il faut dire le plus grave. Les anciens révolutionnaires de l'Empire tombés dans le gambettisme, puis dans le ferrysme, puis dans un opportunisme que le suffrage universel vient de renier, pourront abandonner leur néfaste politique, mais ils n'effaceront pas leurs votes. M. Villeneuve a voté tous les crédits du Tonkin, il a voté les ordres du jour de confiance en

Ferry, voté pour M. Waldeck-Rousseau la loi sur les récidivistes et le rattachement au budget de l'État des dépenses de la police de Paris; il s'est abstenu sur la question de Madagascar.

TABLE

13106. — IMPRIMERIE A. LAHURE
Rue de Fleurus, 9, à Paris.

www.ingramcontent.com/pod-product-compliance
Ingram Content Group UK Ltd.
Pitfield, Milton Keynes, MK11 3LW, UK
UKHW022025170726
13837UKWH00001B/412

9 782019 940669